T0041815

DESCARGA
GRATUITA

Editorial **CLIE**

Como muestra
de gratitud por su compra,

visite www.clie.es/regalos
y descargue gratis:

*"5 claves para elaborar un sermón que
cambia vidas"*

Código:

VIDA24

¡Cambiará tu perspectiva del ministerio pastoral para siempre!

José Mª Baena a través de su dilatada experiencia ministerial nos descubre el corazón del pastor: su humanidad, fragilidad y fortalezas; nos compartirá de sus éxitos, errores y fracasos, marco en el que el Espíritu Santo fragua la vida ministerial de un pastor.

Su lectura te identifica, independientemente de tu rol en la iglesia; constatando que, en la vida del creyente, los éxitos son –en realidad– el resultado de muchos fracasos, a través de los cuales el Espíritu Santo forja, tanto el carácter de un creyente, como el de un pastor que sabe cuidar a las ovejas, porque se siente y vive también como oveja.

Jesús Caramés.
Rector Facultad de Teología A.D.

PERSONA, PASTOR Y MÁRTIR

En defensa de quienes son llamados al
ministerio pastoral

José Mª Baena Acebal

Editorial CLIE
www.clie.es

EDITORIAL CLIE
C/ Ferrocarril, 8
08232 VILADECAVALLS
(Barcelona) ESPAÑA
E-mail: clie@clie.es
http://www.clie.es

© 2020 por José Mª Baena Acebal

«Cualquier forma de reproducción, distribución, comunicación pública o transformación de esta obra solo puede ser realizada con la autorización de sus titulares, salvo excepción prevista por la ley. Diríjase a CEDRO (Centro Español de Derechos Reprográficos) si necesita fotocopiar o escanear algún fragmento de esta obra (www.conlicencia.com; 917 021 970 / 932 720 447)».

© 2020 por Editorial CLIE

Persona, pastor y mártir
ISBN: 978-84-17131-98-2
Depósito Legal: B 1001-2020
Ministerios cristianos
Recursos pastorales
Referencia: 225096

Acerca del autor

José Mª Baena Acebal graduado en Teología por la Facultad de Teología de las Asambleas de Dios; Diplomado en Enseñanza Religiosa Evangélica por el CSEE (España) y Pastor del Centro Cristiano Internacional Asambleas de Dios, de Sevilla (España). Profesor de Enseñanza Religiosa Evangélica (ESO) y de la Facultad de Teología de las Asambleas de Dios en La Carlota (Córdoba). Ha sido Presidente de las Asambleas de Dios en España y de la Federación de Entidades Religiosas Evangélicas (FEREDE).

ÍNDICE

III PARTE
Y ¡Mártir!

Una palabra del autor

Este es un libro puramente vivencial, al menos eso pretendo que sea, alejándome de lo meramente teórico para centrarme en lo aprendido durante más de cuarenta años de ministerio, el cual pude comenzar muy joven, con apenas veintitrés años —me refiero al ministerio reconocido y ordenado, como pastor de una iglesia.

Algo he aprendido a través de todos estos años: en primer lugar, de la misma palabra de Dios y, especialmente, del ministerio del apóstol Pablo, al que continuamente me veré obligado a referirme, pues, aunque apóstol, ejerció necesariamente de pastor para atender las comunidades cristianas (iglesias locales) que abrió en sus viajes misioneros. Su manera de actuar, explícita en el Libro de los Hechos, escrito por su compañero de ministerio, el médico Lucas, y lo expuesto en sus cartas, alumbran nuestro camino. En segundo lugar, del propio Espíritu Santo, que es quien dirige, siendo el encargado de que la obra de Dios se lleve a efecto. Nuestros maestros y mentores que nos precedieron nos transmitieron la visión, y no pocos conocimientos y experiencias personales que, sin duda, también han moldeado nuestro ministerio, así como nuestros feligreses, nuestros colaboradores y nuestros colegas, han aportado mucho a lo que hoy somos. Y, por supuesto de los errores cometidos y los éxitos alcanzados. De los primeros me considero único responsable; de los segundos tengo que dar la gloria a Dios, porque nada podríamos hacer si él no lo hace. Si hemos tenido capacidad para aprender y mantenemos la mente y el corazón abiertos a seguir aprendiendo, mucho habremos añadido y seguiremos añadiendo a cuanto hoy sabemos y somos, en tanto que ministros del evangelio de Jesucristo.

Tengo un profundo respeto por el ministerio pastoral, pues refleja la acción de Dios a favor de sus criaturas, a las que tan profundamente ama, al punto de haber dado a su hijo Jesucristo por su rescate. Tomo en cuenta el consejo del escritor del Libro de Proverbios, el rey Salomón, sabedor de la necesidad de liderar convenientemente a todo un pueblo puesto bajo su custodia y dirección, cuando escribe, "Sé diligente en conocer el estado de tus ovejas y mira con cuidado por tus rebaños, porque las riquezas no duran para siempre, ni una corona es para generaciones perpetuas" (Pr 27:23-24). El tiempo pasa erosionándolo todo sin excepción, nuestra vida y ministerio incluidos. Nada dura para siempre en esta vida. Por eso hemos de situarnos en el tiempo y en la historia, con la correcta perspectiva. Nadie mejor que Dios mismo para hacerlo por medio de su Espíritu, siempre y cuando nosotros sepamos ser obedientes y fieles a su visión y propósito.

Deseo, pues, dedicar este libro a cuantos han consagrado su vida a este tipo de ministerio, pagando un precio elevado por ello, y a sus familias. Al hacerlo, honro también a los míos, mi esposa y mis hijos, porque no es fácil ser esposa, hijo o hija de pastor. Todos ellos forman parte de este ministerio tan extraordinario, verdadero privilegio que disfrutamos quienes, llamados por Dios, lo ejercemos a pesar de nuestras limitaciones e imperfecciones.

A Dios sea la gloria por siempre.

José Mª Baena
Sevilla, diciembre de 2019

INTRODUCCIÓN

- Explicación del título.
- Un oficio ejercido en soledad.

El título de este libro parece estar sobrecargado de dramatismo, sobre todo por el término final de *mártir*, pero les aseguro que, siendo ya de por sí dramática la vida, y mucho más la de un pastor o una pastora, el uso de esa palabra tiene su porqué, no siendo mi objetivo al emplearlo el de dramatizar en exceso. En primer lugar, mártir significa en su origen griego *testigo*, y posteriormente, debido a las persecuciones cruentas que sufrieron los cristianos —testigos de la fe de Cristo— adquirió el significado que hoy tiene, referido a alguien que da su vida por una causa cualquiera, no necesariamente de carácter religioso. Aquí, en este título, tiene mucho de su significado original y bastante del segundo, pues quien se dedica al ministerio pastoral, como quien se dedica a otros ministerios cristianos, ofrece su vida al servicio de las almas, de sus feligreses, de su iglesia, como si fuera al Señor; al menos así debe ser.

Aunque la historia nos ofrece multitud de casos en los que ese ofrecimiento fue total, en el sentido que, debido a su condición de dirigentes y responsables de sus iglesias, muchos pastores pagaron literalmente con su vida frente a la persecución de las autoridades civiles —y en ocasiones, también religiosas— de los países en los que desempeñaban sus ministerios. No está tan lejana la persecución sufrida en los países comunistas, ni tampoco la sufrida en España durante y después de la guerra civil. En la actualidad esa persecución se vive en determinados países islámicos y en otros donde la libertad de pensamiento, y por ende la religiosa, no existen. Con todo, el objetivo de este libro es subrayar la entrega y el precio que los llamados al ministerio pastoral y sus familias han de pagar por cumplir el propósito de sus vidas, que no es otro que servir a su Señor, a la vez que sirven a sus prójimos, sean estos miembros de sus iglesias o no. Jesús declaró a sus discípulos cuál era el propósito de su vida: "Porque el Hijo del hombre no vino para ser servido, sino para servir y para dar su vida en rescate por todos". (Mr 10:45). Y así es también con quienes hemos escogido dedicarnos al ministerio cristiano. En el caso de Jesús, debido a su naturaleza divina perfectamente entroncada con la humana, su sacrificio servía para rescatar a la raza humana de su condición pecadora y deshacer la ruptura entre el ser humano y Dios. Nosotros somos llamados a dar la vida, quizá no en forma cruenta, pero sí en entrega total y sacrificada a favor de las almas —entiéndase personas en el sentido integral. De ahí la palabra mártir, porque tal dedicación requiere pagar un alto precio, tema que iremos desgranando a lo largo del libro. Recordemos, no obstante, el testimonio personal del mismo apóstol Pablo, quien escribía a los corintios en su segunda carta, acerca de su ministerio apostólico-pastoral:

> En *trabajos*, más abundante; en *azotes*, sin número; en *cárceles*, más; en *peligros* de muerte, muchas veces. De los judíos cinco veces he recibido cuarenta *azotes* menos uno. Tres veces he sido *azotado* con varas; una vez *apedreado*; tres veces he padecido *naufragio*; una noche y un día he sido *náufrago* en alta mar; en caminos, muchas veces; en *peligros* de ríos, *peligros* de ladrones, *peligros* de los de mi nación, *peligros* de los gentiles, *peligros* en la ciudad, *peligros* en el desierto, *peligros* en el mar, *peligros* entre falsos hermanos; en *trabajo* y *fatiga*, en muchos *desvelos*, en *hambre* y *sed*, en muchos *ayunos*, en *frío* y *desnudez*. Y además de otras cosas, lo que sobre mí se añade cada día: la *preocupación* por todas las iglesias. ¿Quién enferma y yo no *enfermo*? ¿A quién se le hace tropezar y yo no me *indigno*? (2 Co 11.23–29).

He enfatizado las palabras que ponen de manifiesto las dificultades que el propio Pablo tuvo que enfrentar para llevar adelante su ministerio siendo apóstol y pastor. Bien se diría por las veces que repite la palabra peligros, que el ministerio pastoral es un oficio peligroso. Creo, pues, que el calificativo del título está plenamente justificado, siendo verdad que busco con él un cierto efecto en el lector. Pero sigamos adelante.

En la antigüedad clásica, el oficio de pastor gozaba de cierto aura de prestigio o añoranza «romántica»[1], dando lugar a un tipo de literatura, sobre todo lírica, llamada pastoril o bucólica, Una muestra de esa literatura es el gran poeta latino Virgilio y sus *Églogas*. La cuarta es para algunos cristianos, especialmente en el campo católico romano, una profecía del Mesías:

Tú, al ahora **naciente niño,** por quien la vieja raza de hierro
termina y surge en todo el mundo la nueva dorada,
se propicia ¡oh casta Lucina!; pues ya reina tu Apolos.
Por ti, cónsul, comenzará esta edad gloriosa,
¡oh Polión!, e iniciarán su marcha los meses magníficos,
tú conduciendo. Si aún quedaran vestigios de nuestro crimen,
nulos a perpetuidad los harán por miedo las naciones.
Recibirá el niño de los dioses la vida, y con los dioses verá
mezclados a los héroes, y **él mismo será visto entre ellos;**
con las patrias virtudes **regirá a todo el orbe en paz.**
Por ti, ¡oh niño!, la tierra inculta dará sus primicias,
la trepadora hiedra cundirá junto al nardo salvaje,
y las egipcias habas se juntarán al alegre acanto.
Henchidas de leche las ubres volverán al redil por sí solas
las cabras, y a los grandes leones no temerán los rebaños.
Tu misma cuna brotará para ti acariciantes flores.
Y **morirá la serpiente,** y la falaz venenosa hierba
morirá; por doquier nacerá al amomo asirio.[2]

---

[1] Soy consciente de que el uso de este término aquí es un anacronismo absoluto, puesto que lo romántico es producto de un movimiento artístico, filosófico y sentimental del siglo XIX, llamado por eso romanticismo, que viene de la palabra *roman*, novela, y que promueve el gusto por lo novelesco, la recuperación de lo clásico, con toda su carga de añoranza por una época desaparecida y sus valores.

[2] http://www.iesjaumei.es/depts/cas/lit-univ/tema1/bucolica4.pdf

Pero, por mucho que algunos de los padres de la iglesia, en tiempos de valoración de lo que los clásicos nos habían legado, y tratando de cristianizarlos en alguna manera, quisieran ver en Virgilio un "profeta", él era tan solo un poeta pagano. Sus mejores exégetas entienden que hablaba de un futuro emperador romano.

Las Escrituras hebreas también tienen su muestra de esta literatura pastoril, con un ejemplar inigualado e inigualable, como es el Salmo 23, cuyo autor es David, pastor él mismo antes que rey y profeta:

> Jehová es mi pastor, nada me faltará.
> En lugares de delicados pastos me hará descansar;
> junto a aguas de reposo me pastoreará.
> Confortará mi alma.
> Me guiará por sendas de justicia por amor de su nombre.
> Aunque ande en valle de sombra de muerte,
> no temeré mal alguno,
> porque tú estarás conmigo;
> tu vara y tu cayado me infundirán aliento.
> Aderezas mesa delante de mí
> en presencia de mis angustiadores;
> unges mi cabeza con aceite;
> mi copa está rebosando.
> Ciertamente, el bien y la misericordia me seguirán todos
>   los días de mi vida,
> y en la casa de Jehová moraré por largos días.[3]

La belleza de este salmo no tiene parangón en la literatura universal. ¡Cuántas veces ha servido de consuelo a millones de creyentes en momentos, tanto de tribulación o angustia, como de sosiego! El príncipe de los predicadores, Spurgeon, lo comenta en su *Tesoro de David*, editado por CLIE, que hoy tenemos el privilegio de poder leer los hablantes del idioma de Cervantes gracias al trabajo de toda una vida de dedicación de mi buen amigo Eliseo Vila, que lo ha traducido y lo ha enriquecido con comentarios propios.

---

[3] RVR95, de las Sociedades Bíblicas Unidas.

Ante el rey Saúl, David cuenta su experiencia pastoril: "Tu siervo era pastor de las ovejas de su padre. Cuando venía un león o un oso, y se llevaba algún cordero de la manada, salía yo tras él, lo hería y se lo arrancaba de la boca; y si se revolvía contra mí, le echaba mano a la quijada, lo hería y lo mataba. Ya fuera león o fuera oso, tu siervo lo mataba…" (1 Sm 17:34-36). Su relato desvela los peligros de su profesión, pero también un detalle importante: su soledad ante sus responsabilidades de cuidar el rebaño y el peligro. Los pastores trabajan solos en el monte. David tenía que valerse por sí mismo, aunque dada su trayectoria posterior y la valentía con que se enfrentó al gigante Goliat, podemos asegurar que había aprendido a confiar en su Dios, pues él mismo declara: "Jehová, que me ha librado de las garras del león y de las garras del oso, él también me librará de manos de este filisteo". (1 Sm 17:37). En pleno enfrentamiento, siendo objeto del más absoluto menosprecio por parte del gigante, David le contesta: "Tú vienes contra mí con espada, lanza y jabalina; pero yo voy contra ti en el nombre de Jehová de los ejércitos, el Dios de los escuadrones de Israel, a quien tú has provocado. Jehová te entregará hoy en mis manos, yo te venceré y te cortaré la cabeza". (1 Sm 17:45-46).

En una entrevista publicada por el periódico El Mundo[4] a uno de los todavía restantes pastores de Galicia, los periodistas Marcos Sueiro y Román Nóvoa, recogen el testimonio de Francisco Quintas:

La rutina es siempre la misma pero no deja de ser apasionante porque siempre pasan cosas" dice Francisco. Y es que los peligros que acechan a los animales no solo son naturales, sino que tienen que ver con la rentabilidad de una actividad sacrificada y no especialmente bien remunerada".

A continuación, explican:

«Hoy en día, en la zona de Allariz, ya solo quedan tres [pastores]. Francisco relata que uno de los últimos que llegó ya se marchó». Y es interesante lo que siguen diciendo: «Francisco pasa prácticamente el día en el monte, desde las diez de la mañana hasta las

---

[4] http://www.elmundo.es/elmundo/2011/04/17/galicia/1303039492.html

ocho de la tarde, aunque puede haber variaciones dependiendo de la estación del año. Su compañía son los perros adiestrados para cuidar a los animales y algún turista o deportista que se deje ver por la zona de Guimarás. No echa de menos la presencia humana pero sus quejas tienen que ver con lo sacrificado del trabajo y lo poco reconocido que está».

¡Es increíble la similitud que el oficio de Francisco tiene con el de los pastores de almas! Duras y arduas horas de trabajo en soledad, sacrificio, mala remuneración, escaso reconocimiento... Algunos renuncian y se van.

La conclusión de la entrevista es animadora:

Los pastores [se refiere a Francisco y su ayudante Antonio] tienen la piel curtida y las manos endurecidas, su rostro refleja el cansancio. Los dos saben que «hoy por hoy no van dejar la profesión». Saben que desde el monte no les escucha mucha gente, **pero también saben que tienen razones, y que el asunto del pastoreo debe tomarse en serio y por el bien de todos.** (El énfasis es del autor de la entrevista).

Los dirigentes de las iglesias, entre otros títulos, como obispo o anciano, son llamados pastores, porque su labor espiritual es similar a la de los pastores del monte. En mi libro *Pastores para el Siglo XXI* dedico un capítulo a comentar la alegoría de Jesús como "el Buen Pastor", referida por el evangelista San Juan, a la vez que también se le identifica con "la Puerta del aprisco". Así que este libro de ahora va sobre la realidad de la vida de quienes en la iglesia de Dios son llamados a ejercer este precioso ministerio, por mucho que tenga sus desafíos y sus riesgos, pero como dice Francisco, el pastor de Allariz, también es una labor apasionante.

Nos fijaremos en primer lugar en el hecho que el pastor o la pastora son personas, seres humanos comunes y corrientes. En segundo lugar, son pastores. Ya sé que muchos no aceptarán este planteamiento de pastores y pastoras y puede que se sientan tentados a dejar de seguir leyendo este libro, pero me apresuro a recordarles, como lo hacía en mi libro anteriormente citado que, como mínimo, habitualmente los pastores están casados y tienen una esposa que, aunque no en todas las culturas, en muchos sitios son llamadas "la pastora". Por último, ya nos hemos referido al calificativo de mártir, que no necesita más justificación.

El libro consta, pues, de tres partes, con sus correspondientes capítulos. Anticipo que es más un libro testimonial, de reconocimiento a la labor esforzada y sacrificada de hombres y mujeres —sin olvidar sus hijos— que han consagrado sus vidas a servir a Dios y al prójimo, y que además de la soledad que muchas veces experimentan, padecen la incomprensión generalizada y la falta de reconocimiento y de apoyo. Sé que hay quienes, siendo pastores, no saben nada de esto; que todo les va bien, que conocen el éxito, son famosos y las gentes los idolatra, que sus hijos estudian en los mejores colegios y universidades y no saben nada de penurias ni de conflictos internos. Estos son una minoría si los comparamos con los miles de pastores que trabajan casi anónimamente, que se esfuerzan por llevar adelante sus congregaciones, luchando contra toda clase de adversidades. No juzgaré ni a los primeros por su éxito y bienestar, ni a los segundos por su situación, muchas veces triste. Mi deseo es que este libro pueda servir de ánimo y de inspiración al lector, cualquiera que sea su situación en la obra de Dios.

Mi convicción es, junto con el apóstol Pedro, que "cuando aparezca el Príncipe de los pastores, vosotros [nosotros todos, los que nos dedicamos a este hermoso ministerio] recibiréis [recibiremos] la corona incorruptible de gloria" (1 P 5:4).

I PARTE
Persona

CAPÍTULO 1

Ser humano

Aunque parezca una obviedad, hemos de decir en primer lugar, que el pastor[5] es un ser humano, como el resto de sus semejantes. Dice el autor de la carta a los Hebreos que quienes sirven a Dios —se refiere específicamente al sumo sacerdote de los hebreos, pero vale para todos los demás siervos de Dios— "es escogido *de entre los hombres*" y "él también *está rodeado de debilidad*" (He 5:1-2). Tal cosa, aunque pueda parecer un problema, es en realidad una gran ventaja, porque por esa misma razón, añade el texto, "él puede mostrarse paciente con los ignorantes y extraviados". ¡Gracias, Señor, por darnos pastores imperfectos! ¡Qué sería de nosotros si no lo fueran! ¿Quién se compadecería de nosotros por nuestros fallos y errores? Solo quien es consciente de sus propias limitaciones y fallos puede sentir empatía e identificarse con quien tropieza y yerra. Solo quien ha tropezado antes, puede

---

[5] A lo largo del libro me referiré, salvo cuando lo requiera la exposición del texto, al pastor en género masculino. Lo hago, no por razones sexistas, sino por economía de lenguaje y por evitar los retorcimientos propios del llamado "lenguaje políticamente correcto". El término pastor tiene, pues, en este libro un significado absolutamente inclusivo, para varón o hembra indistintamente. El idioma español es amplio y generalmente inclusivo, aunque los políticos hayan sucumbido al esnobismo y la cursilería del "todos y todas, etc." (es curioso, porque el "todos" es inclusivo, mientras que el "todos y todas" es intrínsecamente discriminatorio).

aconsejar a otros para que no lo hagan, o para reparar las consecuencias del tropiezo.[6]

El apóstol Pablo, en su constante defensa ante los corintios, escribe estas palabras impregnadas de cierto malestar: "¿Quién enferma y yo no enfermo? ¿A quién se le hace tropezar y yo no me indigno? Si es necesario gloriarse, me gloriaré en lo que es de *mi debilidad*" (2 Co 11:29-30). Habla de experiencias y emociones típicas de cualquier ser humano. Pablo, a quien hoy consideramos un héroe de la fe, y ciertamente lo fue, se consideraba una persona muy normal, sujeta a padecimiento como todo el mundo. Unas frases más adelante, en esa misma carta, habla de su misterioso «aguijón en la carne», que nadie ha sabido aclarar —y dudo que podamos hacerlo nunca. Pero lo que está claro es que para él suponía un *handicap* importante del que pedía ser liberado. La respuesta divina es un axioma de la fe: "Bástate mi gracia, porque mi poder se perfecciona en la debilidad" (2 Co 12:9). La respuesta de Pablo es clara: "Por lo cual, por amor a Cristo me gozo en las debilidades, en insultos, en necesidades, en persecuciones, en angustias; porque cuando soy débil, entonces soy fuerte. (2 Co 12:10).

Hay que precaverse de los perfectos, porque tal perfección es falsa. Solo Dios es perfecto y, aunque nuestra meta es "ser perfectos, como él es perfecto", tal estado solo lo alcanzaremos cuando seamos transformados en su reino. Esa perfección que muchos proclaman de sí mismos no es sino pedantería, orgullo, y es dañina, destructiva, cruel.

Insistiendo en la imperfección propia de cada ser humano, Pablo sigue diciendo: "Pero tenemos este tesoro en *vasos de barro*, para que la excelencia del poder sea de Dios y no de nosotros, (2 Co 4:7). Una imagen muy expresiva: vasos de barro, materia humilde usada por los humildes; no vasijas de oro o plata, propias de los ricos y poderosos de este mundo. Vasijas aparentemente sin honra, quebradizas y frágiles, pero útiles por haber sido santificadas —limpiadas y consagradas para

---

[6] No quiero con esto decir que para aconsejar o ayudar a alguien tengamos que haber vivido exactamente las mismas experiencias, pues sería imposible. Para aconsejar a un adicto, no es necesario haberlo sido, necesariamente; o que para corregir a un bebedor o un adúltero, tengamos que haber sido antes bebedores o adúlteros. Pero sí debemos de conocer nuestras propias debilidades íntimas, para ayudar al prójimo, y mantenernos humildes, tal como nos aconseja el apóstol Pablo refiriéndose a la corrección del error en el prójimo: "Si alguno es sorprendido en alguna falta, vosotros que sois espirituales, restauradlo con espíritu de mansedumbre, considerándote a ti mismo, no sea que tú también seas tentado. Sobrellevad los unos las cargas de los otros, y cumplid así la ley de Cristo" (Gl 6:1-2).

ser usadas por Dios— por eso le recuerda a Timoteo, "Así que, si alguno se limpia de estas cosas, será instrumento para honra, santificado, útil al Señor y dispuesto para toda buena obra. (2 Ti 2:21).

Ciertamente el pastor es un instrumento en las manos de Dios, como cualquier otro ministerio, como cualquier otro creyente; pero no hemos de olvidar que ha sido llamado por Dios con un propósito específico. Pablo confiesa: "Esta confianza la tenemos mediante Cristo para con Dios. No que estemos capacitados para hacer algo por nosotros mismos; al contrario, nuestra capacidad proviene de Dios, el cual asimismo nos capacitó para ser ministros de un nuevo pacto (2 Co 3:4-6). Ejercer el ministerio pastoral es un privilegio, pero un privilegio no exento de exigencias, de dificultades, de problemas; como las monedas, tiene su cara y su cruz. Nada podríamos hacer, si no fuera por la ayuda divina, garantizada siempre para quienes él llama. Pablo reconoce su incapacidad demostrada, pero a la misma vez da el crédito a Dios por cuanto ha hecho en él y por él: "No soy digno de ser llamado apóstol, porque perseguí a la iglesia de Dios. Pero por la gracia de Dios soy lo que soy; y su gracia no ha sido en vano para conmigo" (1 Co 15:9-10).

Siguiendo con los argumentos de Pablo, merece la pena profundizar en todo cuanto él dice respecto al ministerio: "Por lo cual, teniendo nosotros este ministerio según la misericordia que hemos recibido, no desmayamos. Antes bien renunciamos a lo oculto y vergonzoso, no andando con astucia, ni adulterando la palabra de Dios. Por el contrario, manifestando la verdad, nos recomendamos, delante de Dios, a toda conciencia humana" (2 Co 4:1-2).

El pastor, siendo un ser humano, tampoco es menos que eso. Como tal, es digno de respeto y consideración por parte de sus semejantes. Para empezar, sea hombre o mujer, es «imagen de Dios» —como todo ser humano, por supuesto, del que dice la Escritura: "«¿Qué es el hombre para que tengas de él memoria, y el hijo del hombre para que lo visites?». Lo has hecho poco menor que los ángeles y lo coronaste de gloria y de honra. Lo hiciste señorear sobre las obras de tus manos; todo lo pusiste debajo de sus pies" (Sal 8:4-6). Pertenecer al género humano nos confiere una dignidad que nada ni nadie nos puede negar. Todo ser humano es digno de respeto y consideración, sea cual sea su raza, condición, creencia o increencia, etc. El pastor, además, representa a Dios ante su congregación, pues ha recibido de Dios una autoridad delegada de la que en su día también dará cuentas. El pastor no es el felpudo de la congregación en el que todo el mundo se limpia los zapatos, ni el jarrillo de manos útil para todo, ni el cubo en donde verter nuestras basuras y vómitos. Tampoco un ídolo al que rendir culto. Desempeñar un ministerio así es una honra, y "nadie toma para sí esta honra, sino el que es llamado por Dios" (He 5:4); por tanto, ha de ser honrado por aquellos a quienes sirve como él ha de honrarlos a ellos y todos a Dios.

¿Qué enseñanza podemos obtener de todo esto?

Pues que quienes nos pastorean son personas frágiles, sensibles, imperfectos, simplemente humanos, que también yerran, sufren y padecen, ni más ni menos que el resto de los mortales. Y garantizo al lector que es mejor tener a un pastor profundamente humano, vaso frágil e imperfecto, aunque lleno del Espíritu Santo, que alguien subido por las nubes, «súper santo», «híper espiritual», aparente —por tanto, ficticio, por no decir falso— y lleno de sí mismo, fatuo e incapaz de comprender y de ayudar a los seres normales, imperfectos, que le rodean.

Sí, no lo olvides: los pastores somos seres humanos, gente normal y corriente. Los súper héroes están en las películas y en los tebeos[7]. Aunque haya por ahí algunos que se han hecho muy famosos, gracias a la TV y otros medios, la inmensa mayoría de quienes ejercen el ministerio pastoral son gente casi anónima, solo conocidos en sus parroquias; que trabajan duro, incansables, para alimentar a un rebaño no siempre dócil y no siempre capaz de reconocer el trabajo y esfuerzo de sus pastores, intentando a la vez que el reino de Dios crezca y se extienda. En la mayoría de las culturas, salvo las de raíces evangélicas profundas, ser pastor no implica ningún reconocimiento social, sino a veces todo lo contrario. De ellos nos ocuparemos a lo largo de este libro, y a esta multitud casi anónima se lo dedico.

---

[7] Permítaseme usar esta palabra española; antigua, pero muy bonita y expresiva (TBO), que me lleva a mi infancia, en vez de la extendida "cómic", de origen foráneo, de final incompleto y a la vez agresivo.

CAPÍTULO 2

Hombre y mujer

En el primer capítulo dejamos claro que el pastor es un ser humano, normal y corriente. La propia naturaleza nos enseña que el género humano está compuesto por hombres y mujeres, casi a partes iguales.

Aunque sé que habrá quienes no estarán de acuerdo con lo que voy a decir, los pastores pueden ser, en consecuencia, hombres o mujeres.[8] No parece razonable —ni racional ni bíblicamente— que Dios haya inhabilitado para ciertas tareas a media humanidad. La Biblia muestra lo contrario. Es la deriva humana tras la caída la que ha hecho bascular las cosas hacia una sola parte, tal como Dios se lo anunció a Eva. Pero, en su trato más cercano con el ser humano, tras el pacto con Abram, Dios «libera» a Sarai de aquella «i», que en hebreo denota pertenencia, y Sarai se convirtió en Sara a secas; dejó de ser «mi Princesa», para ser «Princesa» por sí misma, dueña de su destino y no propiedad de nadie, digna de participar por sí misma en el pacto con Dios.

Jesús concedió a la mujer un nuevo papel social, pues son muchos los pasajes de los evangelios en los que él mismo rompe moldes y trata con ellas de manera especial, chocante para su tiempo (y desgraciadamente, también para algunos en el nuestro): la samaritana; María,

---

[8] En mi libro *Pastores para el siglo XXI*, (CLIE, 2018) dedico todo un capítulo a defender la posibilidad de que las mujeres ejerzan el ministerio, incluido el ministerio pastoral. No repetiré aquí los mismos argumentos, pues están disponibles en el citado libro. Daré, pues, por sentado tal posición teológica.

la hermana de Lázaro; la Magdalena, etc. Hasta se deja financiar por ciertas mujeres en sus actividades como maestro. El cristianismo primitivo durante el primer siglo también contribuyó a una "liberación" de la mujer que, por desgracia, fue diluyéndose en el tiempo, volviendo a la tendencia previa de predominio en todo del varón.

Pablo, al recordarle a Timoteo, como también lo hará con Tito, los requisitos que ha de reunir un pastor, le dice que ha de ser «marido de una mujer» (1 Ti 3:2; Tit 1:6). No entraré a debatir las posibles interpretaciones del texto, solo al hecho de que, por lo general el pastor está casado, tiene esposa y esa esposa es «la pastora». Lo cierto es que el pastorado es cosa de dos: el marido y la mujer. Dos seres humanos —personas— como ha quedado claro antes, con características personales propias, pero que trabajan juntos y en armonía en la obra de Dios, formando el equipo de trabajo básico. Al complementarse mutuamente, pueden ayudar tanto a hombres como a mujeres, cada uno según sus necesidades específicas. Hay problemas de hombres, y hay problemas de mujeres. Una es la psicología masculina y otra muy distinta la femenina. Cada sexo responde a estímulos diferentes en muchos asuntos que les son propios; responden emocionalmente en forma diferente, y necesitan ser comprendidos cada uno según su carácter propio. La mejor fórmula pastoral es la compuesta por un hombre y una mujer. No es que no pueda ser de otra manera, pero es evidente que juntos podrán hacer frente en mejor y mayor manera a los retos que plantea el ministerio pastoral. No olvidemos que "en el Señor, ni el varón es sin la mujer ni la mujer sin el varón" (1 Co 11:11). Ciertamente es este un texto aislado, sacado de su contexto, pero creo que algo interesante puede transmitirnos a nosotros hoy y aquí, pues expresa todo un principio.

Ser pastor implica muchas cosas. Los requisitos pastorales a los que me he referido antes, expuestos por Pablo en su primera carta a Timoteo y en la única que nos consta que escribiera a Tito, son muchos y exigentes. Las esposas no se escapan de estos requisitos. Si no es fácil ser pastor, tampoco lo es ser esposa o cónyuge de pastor. Con frecuencia son ellas las que sufren los mayores ataques por parte de quienes tratan de atacar al ministerio. También ellas soportan una gran parte de la presión propia del ministerio, pues mientras el marido se dedica en cuerpo y alma a los fieles, ellas cargan en muchas ocasiones con la responsabilidad de los hijos y del hogar —sin olvidar la atención y el cuidado del marido, que también cuenta— en una situación de gran soledad y, en muchas ocasiones, de incomprensión.

Dice el pastor brasileño Jaime Kemp en su libro *Pastores en Perigo*, "Creo que una de las personas más sacrificadas y machacadas de la iglesia evangélica es la esposa del pastor".[9] Es una realidad constatada continuamente en las iglesias y en las familias pastorales.

Nuestro modelo pastoral hoy es, generalmente, el de un hombre, «el pastor», casado con su esposa, «la pastora», aunque no siempre se la reconozca así. Él pastor puede haber sido *contratado*, o no. Si disfruta de la bendición de recibir un sueldo, se espera de él que responda con eficiencia a ese sueldo que se le paga. Pero las más de las veces la iglesia no solo requiere que el pastor trabaje para la congregación que le paga, sino que lo haga también la esposa a título gratuito. Y de los hijos, ya hablaremos cuando llegue el momento.

---

[9] Jaime Kemp, *Pastores en perigo*, Hagnos, Saô Paulo, 2006, 170.

CAPÍTULO 3

Esposo, padre... hijo, hermano

Así pues, el pastor es una persona; hombre o mujer. Pero sus condicionamientos no quedan ahí, pues no es un ser humano aislado en medio del universo o de la comunidad cristiana: como nacido tiene o ha tenido padre y madre, es posible que hermanos o hermanas y, como dijimos en el capítulo anterior, por lo normal tiene esposa si es varón, o esposo si es mujer.

¿Qué quiere decir esta otra obviedad?

Algo muy sencillo, pero en lo que desgraciadamente no siempre reparamos en la práctica: que además de las funciones propias de su ministerio, el pastor tiene otras funciones naturales a las que también ha de atender; que no es un ser aislado en medio de la sociedad o, incluso, de la iglesia. Digo esto por un doble motivo: por un lado, porque en ocasiones el mismo pastor olvida esas responsabilidades en perjuicio de sus familiares más directos y, por tanto, de su propio ministerio. Por otro lado, es la propia iglesia —es decir, quienes la componen, personas igualmente, hombres y mujeres como él o como ella, que también tienen familia a la que atender— la que lo olvida, exigiendo de sus pastores una dedicación que supera lo correcto y olvida sus otras responsabilidades como miembro de una familia cristiana.

Los pastores tenemos familia, somos familia, porque además la familia forma parte del plan de Dios desde el comienzo de los tiempos.

El texto de referencia más antiguo es: "Por tanto dejará el hombre a su padre y a su madre, se unirá a su mujer y serán una sola carne" (Gn 2:24). El hombre, cuando se une en matrimonio a su mujer, constituye con ella una nueva unidad, «una sola carne», que, en la manera de entender las cosas del mundo hebreo, no se refiere solo a lo físico, pues aquí, como en otros textos, cuando se habla de «carne» se está refiriendo a todo el ser humano. El hombre y la mujer, unidos en matrimonio, son uno, no dos: una mitad y otra mitad (Eva es el desdoblamiento de Adán, uno de sus costados, no solo una costilla, que es una traducción imperfecta: «hueso de mis huesos y carne de mi carne», diría Adán; es decir, parte de sí mismo). Ambos han debido abandonar a sus respectivos padres, para poder ser plenamente lo que ahora les toca ser: esposo y esposa y, en consecuencia, posibles padre y madre a su vez. Pero ese abandono de sus padres no es un abandono total y definitivo, pues como hijos, aunque ahora sean una entidad independiente, les toca la responsabilidad de atenderlos en su vejez. Se trata de constituir una entidad familiar a parte e independiente, pero no excluyente.

Dice la Escritura: "Si alguna viuda tiene hijos o nietos, aprendan estos primero a ser piadosos para con su propia familia y a recompensar a sus padres, porque esto es lo bueno y agradable delante de Dios (…) Manda también esto, para que sean irreprochables, porque si alguno no provee para los suyos, y mayormente para los de su casa, ha negado la fe y es peor que un incrédulo". (1 Ti 5:4,7-8).

Conocí en una capital europea a un pastor de cierta edad, mayor que yo, por cierto, que cuidaba con esmero a su padre anciano. No eran pocas las responsabilidades, ni las atenciones que debía prodigarle. Para mí fue un ejemplo de devoción. Todo un testimonio. Y todo el mundo sabe lo que significa cuidar a una persona anciana, dependiente en su totalidad del cuidado y del amor de sus familiares más próximos. Una responsabilidad así significa tiempo, energías, gastos, y una atención permanente hacia la persona anciana. Afortunadamente, en el caso mencionado aquí, la congregación era plenamente consciente de la situación de su pastor y no había problema ni reproche alguno, pero no siempre es así. Hay situaciones en las que las congregaciones se manifiestan muy exigentes y egoístas, llegando a la desconsideración hacia sus pastores. Así es en general la naturaleza humana, y las iglesias están compuestas por seres humanos, tan humanos como los pastores y sus familias. ¿Has vivido alguna vez ciertas reuniones de los consejos de iglesia, o asambleas generales, en los que prevalecen criterios que jamás deberían primar en el tratamiento de los «asuntos» del Reino? Las cosas no deberían de ser así, pero desgraciadamente, con cierta frecuencia lo son. A veces la mezquindad llega a niveles impensables. Todo depende del nivel de espiritualidad de las congregaciones o, mejor dicho, de los creyentes. Es evidente que donde prevalece la espiritualidad, donde gobierna el Espíritu y el amor de Dios es fruto natural y abundante, las situaciones negativas y desagradables se producirán en bastante menor medida que cuando imperan la carnalidad y los intereses personales. El apóstol Pablo resalta en su carta a los filipenses el interés de Timoteo por los hermanos, pero lo hace en contraste con lo que parecía ser bastante normal, "pues todos —escribe— buscan sus propios intereses y no los de Cristo Jesús. (Flp 2:21).

Además de los padres, los pastores pueden tener hermanos, otro foco de atención y de dedicación en la medida que corresponda, aunque normalmente menos comprometida. Simplemente lo menciono aquí en el sentido de que también esa relación puede existir y demandar cierto nivel de dedicación. En ocasiones, son inconversos, pero no por eso dejan de ser hermanos por los que hemos de preocuparnos, especialmente para que conozcan al Señor a través de nuestro testimonio.

Pero el punto de conflicto más importante para los pastores en cuanto a sus relaciones familiares y la iglesia suele darse mayormente en lo que tiene que ver con su esposa y con los hijos.

Hasta hace no mucho tiempo, la mayor parte de los pastores eran varones. Por eso me refiero aquí a la esposa del pastor como posible foco del problema: hablo de los ataques dirigidos contra ella por parte de creyentes inmaduros y caprichosos, a fin de desestabilizar el ministerio pastoral o como medio de socavar la autoridad pastoral. Siempre ha sido más fácil atacarla a ella, por diversas razones.

Conociendo muchas parejas pastorales, puedo decir que el equilibrio ministerial puede ser muy diverso: en algunos casos el mayor peso *aparente* del ministerio recae sobre él, ocupando ella una posición discreta, donde no se la nota mucho, lo cual no quiere decir que no ejerza una influencia decisiva sobre su marido e incluso sobre la iglesia. En este caso, puede suceder que se la ignore, o que se la ataque, precisamente por su discreción, reclamándosele que sea de otra manera, más «activa», más «líder», más de todo. Nadie conoce su labor equilibrante, ni sus oraciones o consejos, ni su trabajo anónimo y desinteresado pero eficaz en muchas áreas de ministerio. En otros casos, puede que la esposa y el esposo vayan bastante a la par en cuanto a su trabajo, visibilidad y efectividad ministerial. Tanto él como ella están al mismo nivel y la iglesia así lo percibe y lo reconoce. En este caso no faltarán quienes opinen que ella toma demasiado protagonismo en el ministerio, o que él le deja demasiado espacio y que se deja gobernar, o cualquier otra apreciación descalificadora. Por último, en el otro extremo, hay parejas ministeriales en las que ella tiene más ministerio pastoral que él. No se crea el lector que esto no puede ser, o que tal cosa es una anomalía bíblica. Es un hecho en muchas parejas pastorales; sucede, y no parece que Dios lo desapruebe, pues si bendice su labor será por algo. En estos casos, quizá el más atacado pueda ser él, o ambos a una vez. Me refiero a situaciones naturales, en las que no hay abuso ni desorden, sino que de manera natural y sin conflicto así sucede. No me refiero en absoluto a esos otros casos, que también existen, en los que la mujer «domina» sobre el marido ahogando su personalidad y, con una falta de respeto absoluta, lo somete para que se haga lo que ella dice, menoscabando y suplantando así su autoridad. Una situación así no es en absoluto deseable y debe ser corregida, por supuesto.

Recordemos, pues, que el pastorado es cosa de dos, porque esos dos son uno. De ahí la importancia que tiene la elección del cónyuge para aquellos y aquellas que son llamados al ministerio, porque decidirse por la persona equivocada puede arruinar el ministerio, e incluso la vida cristiana, mientras que hacer la elección correcta en la voluntad de Dios significará el éxito y la bendición, no en vano la voluntad de Dios es «lo bueno, lo agradable y lo perfecto». Los jóvenes que se sienten llamados al ministerio deben ser conscientes de esto, y buscar a Dios y el consejo de sus mayores (padres, pastores, etc.) antes de dejarse llevar por las apariencias y la emoción, y tomar decisiones de las que se lamentarán toda o buena parte de sus vidas. Si hoy el divorcio afecta a tantos creyentes, cuando no debería ser así, es en muchas ocasiones debido a la ligereza y poca espiritualidad con que tantas veces los jóvenes abordan el asunto de su futuro matrimonial.

Por último, es bastante normal que una pareja tenga hijos y, en consecuencia, que los pastores, si estamos casados, como es lo natural, también los tengamos. Mis pastores que me instruyeron en la palabra de Dios y me guiaron al ministerio, no tenían hijos. Eran personas extraordinarias, de una dedicación total a la obra de Dios. Su visión que nos transmitieron, inmensa. Su corazón en pleno estaba en las cosas de Dios. Pero el no tener hijos les hacía carecer de un punto de comprensión hacia ciertas situaciones que ellos trataban en consecuencia con una cierta rudeza y falta de flexibilidad.

Los hijos nos equilibran, por varias razones. Por un lado, son tan falibles e imprevisibles como todos los demás; por tanto, cuando nos enfrentamos a las debilidades ajenas, además de conocer las nuestras, cosa que no siempre sucede, ocurre que puede que nuestros hijos en un momento dado de nuestra vida nos planteen el mismo o los mismos problemas que los demás creyentes. No está bien que tratemos a los miembros de la iglesia con un rasero y a nuestros hijos con otro, sea este más indulgente o más estricto, porque se dan ambas posibilidades; es injusto, y «toda injusticia es pecado». Cosas así ocurren, pero no están bien. Recuerdo bien a pastores y ministros amigos míos muy queridos, condenar a ultranza el divorcio, a quienes se divorciaban y a los pastores que aceptaban en sus iglesias a los divorciados, hasta que alguno de sus hijos pasó por el trance. Solo entonces cambió su doctrina y se volvieron misericordiosos y comprensivos. Ciertamente, Dios nos da lecciones que aprender, de una u otra manera. También conozco el caso de quienes exigen a sus hijos mucho más que a los demás jóvenes, pensando que la obligación de ellos como hijos de pastores es ser perfectos. En realidad, es una cuestión de orgullo personal. Lo mejor es ser equilibrados y justos; exigentes, pero comprensivos, entendiendo que en la educación de los hijos hay que practicar la paciencia y la constancia, más que la hiriente contundencia.

Son enormes los desafíos éticos del mundo actual. Nos enfrentamos a situaciones que hace tan solo treinta años no podíamos imaginar. No es aquí donde trataremos esos temas, pero me refiero a ellos, aunque sea vagamente, para resaltar que lo que hoy condenamos en otros puede aparecer dentro de casa en un momento dado. ¿Cómo reaccionaremos? Estoy seguro que ninguno de nosotros, pastores consagrados, transigiremos con el pecado, pero también estoy seguro que, dada la situación, nuestra forma de tratar el asunto será otra y, seguramente, buscaremos a Dios y consultaremos antes de juzgar y condenar.

Viene al caso el requerimiento de Pablo a Timoteo respecto de quien «desea obispado»: "que gobierne bien su casa, que tenga a sus hijos en sujeción con toda honestidad, pues el que no sabe gobernar su propia casa, ¿cómo cuidará de la iglesia de Dios?" (1 Ti 3:4–5). De los diáconos o ministros en general dice: "que gobiernen bien a sus hijos y sus casas" (v. 12). A Tito, hablando del mismo asunto le escribe: "que tenga hijos creyentes que no estén acusados de disolución ni de rebeldía". (Tit 1:6). Estos textos han dado lugar a muchas situaciones indeseables debido, en muchas ocasiones, a una interpretación radical y extremista.

¿Quiere decir esto que los pastores han de tener hijos perfectos, irreprochables, que todo lo hagan bien y que nunca metan la pata? La verdad bíblica y la lógica responden con un rotundo no. Pero es evidente que algo quieren decir estos textos en relación con los hijos de los pastores y que ese algo es un requerimiento exigible. La verdad está en el equilibrio y la comprensión cabal de lo que Pablo quería decir.

En primer lugar, se trata de los hijos que por su edad todavía están en el hogar bajo la responsabilidad de ambos padres: se trata de niños, de adolescentes, de jóvenes menores de edad. El concepto de la mayoría de edad está en la Biblia, pero no coincide exactamente con el nuestro de hoy. En los tiempos bíblicos su carácter no era tanto jurídico como social y religioso. A los trece años, el niño judío (varón), mediante la ceremonia llamada *Bar Mitzvá*, entraba a formar parte de los varones adultos, asumiendo responsabilidades, incluida el cumplimiento de la *Torah*. Para entrar al servicio del tabernáculo o el templo, los levitas debían tener más de veinticinco años (Nm 8:24). Hoy, en la mayoría de países de nuestro entorno, la mayoría de edad está fijada en los dieciocho años. A partir de ahí la persona, hombre o mujer, es dueña y responsable de sus actos.

Hace algún tiempo, echando una mano a un pastor amigo cuya hija se había ido de casa, tratábamos de encontrarla, de saber a dónde habría podido ir. En la charla sobre la situación, mi amigo insistía en que la hija tenía que volver a casa y que mientras no lo hiciera estaba en rebeldía. Hacía unos meses que había alcanzado su «mayoría de edad», lo cual daba una determinada dimensión al asunto; pero el padre insistía en no reconocer tal mayoría de edad porque, según su criterio, en la Biblia tal cosa no estaba, y los hijos han de estar sujetos a los padres hasta que se casen, que es cuando pueden salir de casa y asumir su autonomía. No le niego al padre el derecho a pensar de tal manera, pero hay que ser realista y entender la verdadera situación. Es lo que traté de hacerle entender, si quería recuperar a su hija y mantener una buena relación familiar. También la hija tiene derecho a pensar de otra manera. No viene al caso mencionar la causa del desencuentro, pero seguimos hablando, a la vez que con un hermano que es policía buscamos hasta que dimos con ella. Mediamos en el asunto hasta que hubo acuerdo, y a los dos o tres días la hija regresaba al hogar paterno. Le hicimos entender que, a pesar de sus criterios, si no cambiaba de parecer, de actitud y de estrategia, la hija podía no regresar más y seguir su vida por su cuenta, sin ser molestada por la justicia. Era su derecho. Es mejor ganar con miel que con hiel. No sé si convencido, pero aceptó lo propuesto. Lo cierto es que la hija regresó. Entiendo que hoy existe armonía en la casa de mi amigo.

Otro pastor, igualmente muy apreciado, sufría enormemente. Era un hombre de gran prestigio en el campo pastoral y de la enseñanza. Él y su esposa habían adoptado dos niños, chico y chica, pero cuando ya tenían cierta edad. Siendo adolescentes, la hija participó en un atraco a mano armada. Como consecuencia acabó en prisión, donde dio a luz a una criatura. El varón también siguió los malos pasos, teniendo que participar en un programa de rehabilitación social. Recuerdo el sufrimiento y la vergüenza del hermano y de su esposa. Habían consagrado sus vidas a dos niños que ni siquiera eran suyos, sacándolos de las instituciones públicas para darles una familia, estudios, educación, amor, y tantas más cosas, pero el resultado les había sido adverso, al menos en aquel momento. El hermano, reflexionando sobre estos textos de Pablo decía: "En los tiempos que vivimos, y con las influencias que nuestros hijos reciben en la escuela y a través de la televisión, etc., es imposible cumplir con este requisito bíblico". Sus palabras reflejaban su desesperación en este ámbito de cosas. Yo no dudaría ni por un momento de su idoneidad ministerial, de su espiritualidad, ni de su integridad personal. ¿Qué falló? Los hijos de los pastores son seres humanos, dotados de libre albedrío. En este caso, el hecho de haber sido adoptados ya con algún añito puede haber sido decisivo.

¿Qué dice el texto en realidad?

Pues que los hijos, en tanto están bajo la autoridad paterna y materna, no pueden ser rebeldes ni disolutos, es decir, inmorales. Que deben ser criados en honestidad, estando sujetos a sus padres, quienes deben ser capaces de «gobernar» su casa. La misma palabra «gobernar» implica cierta energía y autoridad para guiar el hogar hacia una meta correcta. La familia pastoral tiene una meta definida, un propósito claro, y hacia allí ha de ser dirigida; pero eso no quiere decir que los hijos no sean hijos, es decir niños o jóvenes, que pueden ser traviesos o caprichosos, de los cuales dice Proverbios que "la necedad está ligada al corazón del muchacho" (Pr 22:15). Los hijos de los pastores son tan «necios» o tan «sabios» como los de los demás mortales. Ahora bien, lo que igualmente añade el texto de Proverbios es que "la vara de la corrección la alejará — la necedad— de él". El texto se expresa según los criterios didácticos de la época, no según los nuestros de hoy, en los que se rechaza «la vara», es decir el castigo físico. Los seres humanos de cada época se enfrentan a sus realidades vitales con lo que saben y con lo que pueden, y no debemos cometer el error de juzgar los hechos del pasado con los criterios de hoy, midiéndolos o evaluándolos con los parámetros actuales. Lo que es insoslayable es la enseñanza general que nos brinda el proverbio y es que, por un lado, es natural que los jóvenes cometan errores, como lo hemos hecho todos sin excepción; y por otro, que hay medicina para esa enfermedad y su nombre se llama «disciplina», corrección, independientemente del método que se use, conociendo que los tiempos han avanzado y que hoy disponemos de métodos mejores (¿?) de los que echar mano.

La Epístola a los Hebreos nos dice:

¿Qué hijo es aquel a quien el padre no disciplina? Pero si se os deja sin disciplina, de la cual todos han sido participantes, entonces sois bastardos, no hijos. Por otra parte, tuvimos a nuestros padres terrenales que nos disciplinaban, y los venerábamos (…) ciertamente por pocos días nos disciplinaban como a ellos les parecía (…) Es verdad que *ninguna disciplina al presente parece ser causa de gozo, sino de tristeza; pero después da fruto apacible de justicia a los que por medio de ella han sido ejercitados.* (He 12:7-11, énfasis mío).

Una responsabilidad ineludible de los pastores, de él y de ella conjuntamente, de cada cual en su medida y capacidad, es la de educar a sus hijos, instruirlos en las cosas de Dios, contribuir a su formación física, emocional, intelectual, relacional y espiritual, para que desarrollen el potencial que Dios ha puesto en cada uno de ellos, lo cual no es tarea fácil. De nuevo Proverbios nos da un consejo: "La vara y la corrección dan sabiduría, pero el muchacho consentido avergüenza a su madre" (Pr 29:15), y de nuevo hemos de decir que hemos de entender «vara y corrección», no en forma literal, sino en su significado último, que es el de la instrucción, la disciplina, el tutelaje que endereza la tendencia a torcerse que podemos ver en nuestros hijos, completado el texto con su segunda parte paralela que hace referencia al error, muy en boga hoy, de consentir a los hijos, de mimarlos en exceso, de hacérselo todo fácil y cómodo, de nunca contradecirlos ni contrariarlos, de permitirles que nos falten el respeto, que desobedezcan impunemente, que rabien y pataleen a placer hasta conseguir sus deseos, etc. Los niños son excelentes chantajistas, y a veces cuentan con el sonriente beneplácito de sus progenitores, que se toman el chantaje emocional como una gracia a aplaudir.

Esa teoría moderna de dejar a los niños que hagan lo que deseen, de nunca decirles no, es un error que se paga caro más adelante. Cierto es que hay que dejar que desarrollen su personalidad evitando al máximo los traumas infantiles, pero tal cosa no significa impedirles que se enfrenten a las dificultades desde pequeños, aprendiendo así a superarlas, ni abdicar del deber de padre y madre, que implica, sobre todo para los cristianos, la obligación de «criarlos en el Señor». Los creyentes de hoy, no solo los pastores, deberíamos revisar nuestros papeles de padre y madre, así como nuestras estrategias educativas. No es fácil ser padre o madre, pero no podemos abdicar de tal función, pues la responsabilidad no le corresponde ni a la escuela ni a la iglesia; es nuestra en primer lugar. No podemos sucumbir a la presión que el sistema ejerce sobre nuestros hijos, quienes son vistos como los futuros consumidores a los que hay que entrenar desde pequeños para que en el futuro sean lo que determinados grupos de interés y de presión requieran de ellos, con sus cerebros bien lavados, con hábitos malsanos bien adquiridos, con mentes acríticas bien malformadas, y conciencias bien anchas que admitan como bueno todo aquello que las enseñanzas bíblicas nos dicen bien claro que es malo, etc.

Efectivamente, los pastores hemos de ser ejemplos de buenos educadores. Nuestros hijos son nuestra primera iglesia a la que evangelizar, discipular y animar al servicio activo y responsable en la obra de Dios. Para que tal cosa sea posible la iglesia ha de cambiar su manera de ver las cosas y dejar de exigir a los pastores que se ocupen de ellos antes que de sus hijos, para exigirles a continuación que sus hijos sean mejores que todos los demás, perfectos y sin mancha. ¿Quieren que los hijos de los pastores sean, si no perfectos, al menos buenos cristianos, honestos, que no sean rebeldes ni disolutos? Dejen que sus pastores se ocupen debidamente de ellos; trátenlos en igualdad de condiciones que a los hijos de los demás; acepten que son capaces y pueden desempeñar responsabilidades como los demás debido a sus propios méritos y capacidades y no por el hecho de ser «el hijo» o «la hija» del pastor; no los marginen o los maltraten en función de su parentesco; trátenlos y aprécienlos por ser ellos mismos, eliminando ese estigma de ser «hijos» o «hijas» de pastor.

A los hijos e hijas de pastores les digo, y yo tengo los míos, que no se dejen desanimar si a veces se sienten tratados de esa manera. Les ha correspondido nacer y crecer en una familia pastoral, lo cual tiene sus ventajas y sus desventajas. Personalmente creo que es un privilegio. ¿Por qué no valorar las ventajas? Es verdad también que, en muchos casos, la desventaja ha venido por parte de los propios padres que han exigido de sus hijos lo que no eran capaces de exigir a los demás, quizá basados en una comprensión errónea de los textos de Pablo a Timoteo y Tito, por temor al qué dirán, siendo sin duda injustos, etc. y no tanto por parte de los miembros de la iglesia, con resultados nefastos para los hijos. Pero si los padres somos capaces de ser equilibrados y entender correctamente cuál es nuestro papel ante Dios, nuestros hijos crecerán en un ambiente propicio y ventajoso para su desarrollo tanto humano como espiritual. Muchos de ellos seguirán el camino de sus padres, entregando sus vidas al servicio del Señor, como hicieron ellos.

Hemos de entender todos que los hijos de los pastores, como los de los demás, han de hacer el recorrido humano del que se ocupa la psicología evolutiva, la infancia temprana, esos dos años iniciales en los que se forma la personalidad, las otras etapas infantiles hasta llegar a la pubertad, la adolescencia con sus problemas y sus dramas, y los retos de los primeros años de la juventud en los que tantas cosas se deciden. No exijamos a nuestros hijos lo que no se les puede exigir; seamos ecuánimes, comprensivos y, sobre todo, amorosos, dedicándoles nuestro tiempo sin abdicar en nada de nuestras responsabilidades paternas. A medida que crecen sus cuerpos, también se desarrolla su cerebro y, por tanto, su capacidad de pensar, de valorar, de decidir, de ser ellos mismos. Igualmente, su inteligencia emocional, con sus sentimientos, su propia conciencia y su capacidad de autocontrol. No podemos reencarnarnos en ellos, ni podemos ser ellos, ni forzarles a ser lo que nosotros queramos que sean o lo que nosotros no pudimos ser. Cada uno de ellos será lo que por sí mismo haya determinado ser. Intentemos que lleguen a decidir ser lo que Dios desea que sean. Hemos de entender también que los hijos no nos son dados como terapia para nuestros males. Pensar que un hijo viene a arreglar una situación de pareja conflictiva o que podremos ver en ellos cumplidos nuestras aspiraciones frustradas, es un rotundo error que debemos evitar a toda costa.

¡Qué Dios nos ayude, a nosotros como padres y a ellos como hijos!

Resumiendo, los pastores tenemos familia y, por tanto, tenemos el derecho y la obligación de desarrollar una vida familiar equilibrada y sana. Tenemos el mismo derecho que los demás a disfrutar de intimidad y privacidad. Hay pastores que viven en la misma propiedad de la iglesia, en un piso que se les cede como vivienda pastoral. Si es así, la congregación ha de entender que ese espacio les pertenece, si no como propiedad, sí como espacio privado en el que no todo el mundo puede entrar como si fuera suyo, simplemente porque pertenece a la iglesia. Debido a los muchos abusos que se dan, muchos pastores prefieren vivir en algún lugar independiente. Hablar de privacidad también tiene que ver con el respeto del tiempo. Que el pastor, como el médico, esté disponible las veinticuatro horas del día, no significa que se le pueda estar llamando sin respeto alguno para cualquier banalidad a cualquier hora del día. Obtener un teléfono puede esperar un rato o quedar para el día siguiente, y no estar llamando a las horas de las comidas o a media noche. Hay reglas de educación que son comunes para todo el mundo, para creyentes y no creyentes, que conviene respetar. Y ahora, en el tiempo de las redes sociales, los mensajes se pueden reservar para momentos oportunos y si merecen la pena. Es increíble la profusión de mensajitos, no siempre justificados, que se propagan por las redes sociales. Muchos de ellos son bulos que a alguien le viene bien extender. Se han puesto de moda también las *fake news*, noticias falsas, que también abarcan a los asuntos cristianos. Debemos de tener cuidado con lo que contribuimos a propagar e instruir en ese sentido a nuestras congregaciones. Solo es cuestión de sentido común, nada más.

Da tristeza ver que hay personas que solo te llaman, y a cualquier hora, para pedirte un teléfono o algún favor; que nunca se preocupan ni por ti ni por los tuyos, pero que sí recurren a ti cuando te necesitan.

CAPÍTULO 4

¿Tienen amigos los pastores?

Todo el mundo, en mayor o menor medida, tiene amigos, ¿no? Pero la pregunta no es gratuita. Creo que la amistad, que es una especie de amor, uno de sus niveles, es algo precioso y necesario para el equilibrio personal y familiar.

Hablar de amigos y de la mistad en relación con el ministerio pastoral es un tema de múltiples facetas y ramificaciones. La labor pastoral es una labor que se lleva a efecto *entre* y *con* personas, es decir, es una labor relacional muy importante que implica intercambio, sensibilidad, emoción, además de las cualidades y capacidades espirituales pertinentes propias.

La Biblia habla de amistad. El primer caso de amistad es el de Adán y Eva con Dios, según se desprende del relato de los primeros capítulos del Génesis en los que vemos una relación natural y fluida. Dios habla con Adán, lo acompaña a la hora de poner nombre a los animales, le proporciona compañera, les da a ambos tarea, ocupación y un fin en la vida, se pasea por el huerto y los busca. Pero esa amistad se truncó con la desobediencia de la pareja humana pasando así a su descendencia, la humanidad entera. Esa amistad ha sido restablecida por medio de la obra de Cristo en la cruz, como escribe el apóstol Pablo:

Dios, quien nos reconcilió consigo mismo por Cristo, y nos dio el ministerio de la reconciliación: Dios estaba en Cristo reconciliando consigo al mundo, no tomándoles en cuenta a los hombres sus pecados, y nos encargó a nosotros la palabra de la reconciliación. Así que, somos embajadores en nombre de Cristo, como si Dios rogara por medio de nosotros; os rogamos en nombre de Cristo: Reconciliaos con Dios. (2 Co 5:18-20).

La reconciliación es el hecho de recuperar una relación previa echada a perder; le volver a ser amigos, tal como antes de que la relación se rompiera; en nuestro caso, por causa del pecado.

A Abraham se le llama «amigo de Dios» (St 2:23), y el Libro de Proverbios está lleno de referencias a la amistad. Un ejemplo paradigmático de amistad, pero nada positivo, es el de los «amigos» de Job, quienes al principio acordaron "venir juntos a condolerse con él y a consolarlo" (Jb 2:11), propósito absolutamente loable solo que, tras siete días de silencio, sus lenguas se volvieron lanzas contra él. Quizá, en sus reflexiones durante aquellos siete días de silencio y condolencia, resurgieron viejas envidias o rencores, o simplemente no encontraron otra respuesta a los males de Job que justificarlos juzgándole y condenándole sin consideración. Job les responderá con amargura y llegará a decirles, "Vosotros, ciertamente, sois fraguadores de mentira; todos vosotros sois médicos inútiles". (Jb 13:4). Con todo, al final del proceso, la amistad se restablece, después de que el mismo Dios los reprenda diciéndoles "no habéis hablado de mí lo recto" (Jb 42:7) y les reclame una expiación adecuada y que Job ore por ellos.

Igual de paradigmática es la amistad entre David y Jonatán, el hijo de Saúl, en la que muchos han querido ver una relación homosexual inexistente. Tal conjetura se basa en el lamento de David a la muerte de su amigo: "Angustia tengo por ti, Jonatán, hermano mío, cuán dulce fuiste conmigo. Más maravilloso me fue tu amor que el amor de las mujeres. (2 Sm 1:26). Los detalles que da el Primer Libro de Samuel nos dicen que el alma de Jonatán quedó «ligada» a la de David, que lo amaba «como a sí mismo», «en gran manera», como dos camaradas de armas, pero no hay nada que dé motivo a considerar ese amor como un amor ilícito. Entre los pecados que se le adjudican a David no está el de las prácticas homosexuales, más bien era, según se considera hoy, un «heterosexual» compulsivo. Considerar la amistad de su amigo del alma Jonatán más maravillosa «que el amor de las mujeres» simplemente quiere decir que lo valoraba en alta estima. No se puede olvidar que el texto es poético, parte de una endecha por la muerte de su amigo. Nada hay en las Escrituras que justifique que esa relación de profunda amistad tuviera el más mínimo carácter homosexual. Pretender verlo así es torcer el sentido de la Escritura, lo que se hace interesadamente para justificar un posicionamiento favorable a las prácticas homosexuales.

El mismo Jesús tenía amigos y amigas, entre los que se encuentran Lázaro y sus hermanas, Marta y María. También ahí las mentes malintencionadas y entenebrecidas quieren ver amores extraños, relaciones fuera del contexto en el que nos las encuadran las Escrituras. Toda amistad puede ser malinterpretada, porque siempre se pueden sobrepasar límites que transformarían la amistad en otra cosa. En el noviazgo, un chico y una chica, un hombre y una mujer, pasan de ser meros amigos a algo más, para después comprometerse y al fin casarse. En este caso esa superación de límites se hace de forma legítima y forma parte de la normalidad en las relaciones entre hombre y mujer. En nuestro medio moderno en el que vivimos, esos límites están bastante más desdibujados, pero no por eso dejan de existir del todo.

Digo todo lo anterior para dejar sentado que la amistad forma parte de la normalidad entre hombres y mujeres, según la Biblia y según la realidad humana. Cada cultura y los principios morales y éticos de cada cual fijan las normas por las que han de transcurrir estas relaciones de amistad. Hay amistades que provienen de relaciones intensas vividas en situaciones críticas, difíciles o simplemente normales pero intensas, como guerras, el servicio militar, estudios, viajes o aventuras, trabajo, etc.

Las amistades empiezan a fraguarse en la infancia, a partir de cierta edad. Los años compartidos en la escuela, el instituto o la universidad nos hacen relacionarnos con nuestros semejantes, con quienes vamos tejiendo experiencias, afinidades o rechazos, vínculos o desafecciones. Lo mismo ocurre con nuestros vecinos, los compañeros de trabajo o con los otros creyentes de la iglesia. Nuestra labor pastoral nos lleva a participar en otros colectivos más amplios, como los colegas de nuestra denominación o de otras denominaciones. Yo he hecho amistades en todos estos ámbitos, desde la escuela hasta los órganos más altos de nuestras instituciones evangélicas de los que he formado parte, pasando por los distintos empleos o trabajos que tenido que desempeñar. Tengo amigos en mi ciudad, en distintas ciudades y regiones españolas, y fuera de mi país. Para mí la amistad es importante y valiosa. Debo mucho a mis amigos de verdad. No puedo olvidar que mi conversión se fraguó a través de un amigo en Francia, cuya familia me acogió con amor. Amigos de esa familia se convirtieron en mis amigos, y ellos me llevaron al Señor e hicieron que mi vida cambiara radicalmente. Lo que soy hoy se lo debo al Señor, pero también a ellos. Son muchos los que podría mencionar aquí.

Se da por sentado, pues, que los pastores también tenemos amigos, como la mayoría de las personas. La amistad es un valor permanente, que no está en cuestión, salvo que no sea tal. Pero… ¿qué clase de amigos son los recomendables para una familia pastoral? ¿Puede el pastor tener amigos que no compartan su fe? ¿Puede y debe el pastor ser amigo de los miembros de su iglesia? ¿Qué nivel de amistad puede compartir un pastor o una pastora con personas de otro sexo? ¿Qué límites ha de observar la buena amistad para que sea sana y duradera?

Los expertos en evangelización nos llaman la atención sobre el efecto negativo que para tal actividad tiene el abandono de las amistades previas cuando alguien se convierte. Nos dicen que es al principio de la experiencia de conversión cuando un creyente consigue sus mejores éxitos en la evangelización de otras personas y que normalmente, pasado cierto tiempo, los creyentes se vuelven estériles en cuanto a ganar almas, salvo que tengan un llamamiento especial hacia el evangelismo. La razón es muy sencilla: han roto con todo su mundo anterior a su conversión, abandonando sus amistades de antes, y se han centrado en el mundo de la iglesia que ya está ganado para Cristo (se supone). Con la excusa de que «ya no somos del mundo», nos hemos autoexcluido de nuestro medio perdiendo toda capacidad de influir sobre él. El otro extremo es que, al no diferenciarnos en nada, es decir, al no vivir una transformación real, un nuevo nacimiento verdadero, nuestra influencia es igualmente nula. Solo la sal sana, solo la luz disipa las tinieblas. Jesús oró al Padre acerca de sus discípulos: "No ruego que los quites del mundo, sino que los guardes del mal. No son del mundo, como tampoco yo soy del mundo. Santifícalos en tu verdad: tu palabra es verdad" (Jn 17:15-17).

Pablo explica a los corintios lo que significaba apartarse de determinadas personas que eran perjudiciales para su fe, y no se refería a todo el mundo alrededor, pues "en tal caso os sería necesario salir del mundo" (1 Co 5:10), dice. Lo que todo creyente debe de hacer respecto de sus amistades no cristianas es no participar en pecados ajenos, ni en su filosofía, confiando en el poder de Dios para ser «guardados del mal» y ser «santificados», que es lo mismo. Pero mientras sea posible, hay que intentar conservar las amistades porque, como también lo es nuestra familia más amplia, son nuestro campo de testimonio y evangelización, salvo que esas amistades sean malsanas y tóxicas. Nuestro testimonio personal y familiar es muy poderoso para esos amigos nuestros que nos conocen y nos ven en nuestro vivir diario. Nosotros mismos somos un mensaje vivo para ellos, y no debemos privarles de ese mensaje mientras ellos consientan en mantener la comunicación abierta y el respeto debido. La sabiduría y la prudencia han de guardar nuestra manera de proceder con nuestros amigos no cristianos.

En cuanto a los miembros de la iglesia, los pastores hemos de ser muy prudentes. La relación entre pastores y fieles es una relación muy especial, en la que debe prevalecer el amor, la confianza, el respeto, como en cualquier relación de amistad, pero me atrevería a decir que es diferente. Por una parte, los pastores lo somos de toda la congregación por igual. Seguramente tenemos nuestras afinidades y distintos niveles de trato con los diferentes miembros o las distintas familias que conforman la congregación; por ejemplo, con los líderes, o con otros ministros. Ser muy íntimos con unos y no tanto con otros puede estimarse como una preferencia de los pastores hacia alguna de las familias de la iglesia, lo cual puede ser legítimo, pero que conlleva riesgos y puede dar lugar a equívocos. De nuevo aquí hacen falta sabiduría y prudencia.

Los pastores no somos «colegas» de los miembros de la iglesia, ni por afinidad generacional, ni por ninguna otra. Un ejemplo de «colegas» —nada positivo ni edificante, por cierto— lo tenemos en la Biblia, cuando Roboam hereda el trono de Israel a la muerte de su padre Salomón. Tras escuchar la voz de los ancianos, los sabios del reino, dice la Escritura: "Pero él desechó el consejo que los ancianos le habían dado, y pidió consejo de los jóvenes que se habían criado con él y estaban a su servicio". (1 Re 12:8). Tras seguir el insensato consejo de sus amigos, el reino se dividió en forma irreparable. Las amistades de ese tipo en la propia congregación pueden llegar a ser «peligrosas» si pretenden influir en la dirección pastoral o conseguir un trato de favor. El equilibrio es difícil porque, en ocasiones, cuando se pretende ser justos, la estabilidad se rompe. En mis años de pastor he comprobado que siempre hay alguna persona o grupo de personas que intenta presionar a los pastores en su beneficio o en perjuicio de otros. A veces los grupos de presión son diversos y enfrentados. La «política» relacional en la iglesia es compleja, por eso el propio Pablo tiene que dar continuos consejos al respecto, como se ve reflejado en sus cartas, para evitar las desavenencias entre los creyentes y, en el caso que las haya, ser capaces de resolverlas cristianamente. Pero como pastores no podemos formar parte de ningún bando ni partido. Algunas de estas personas, tras comprobar que no logran manipular al pastor asumen la posición contraria; pasan de la adulación al menosprecio y la oposición solapada o abierta. El exceso de confianza siempre se paga.

¿Y qué hay de la amistad entre pastores? ¿Es esta posible, deseable, real?

En su larga conversación durante su última cena con sus discípulos más íntimos, Jesús los llama «amigos», en griego φίλοι (*filoi*). La forma verbal de esta palabra griega es φιλέω (*fileo*), que es amar, pero referido al amor por afinidad, amistad o parentesco, diferente a ἔραμαι (*eramai*) o ἀγαπάω (*agapao*), que designan respectivamente el amor erótico o el amor desinteresado que proviene del Espíritu de Dios, como fruto natural suyo. Está hablando de una relación íntima especial, en contraste con la de siervos. ¿Cuál es la diferencia? El siervo obedece incondicionalmente, sin necesidad de tener que estar al tanto de las razones o motivos de lo que se le pide o se le manda. Si no lo hace, ha de atenerse a las consecuencias. El amigo lo es porque forma parte del círculo restringido de personas que conocen esas razones y motivos, es decir, de los secretos del amigo, y no los traiciona. En consecuencia, actúa por amistad —que es, por tanto, una de las clases de amor— no movido por el peso de una relación impuesta e ineludible, salvo rebelión y castigo.

Los pastores somos *colegas* los unos de los otros, como lo son quienes comparten una actividad o profesión; podemos ser, además, compañeros, porque trabajamos juntos; pero, ¿somos o podemos ser amigos? Como se suele decir, los familiares nos son impuestos por lazos de sangre; los compañeros lo son por lazos laborales, de estudio o ministeriales; pero los amigos, cada cual elige a los suyos por razones puramente subjetivas. Hay cosas que unen y otras que separan; circunstancias, afinidades, simpatías y antipatías, etc.

Confieso que tengo amigos entre mis colegas pastores o ministros; unos muy buenos amigos y otros menos, y también conocidos. Amigos que se nota que lo son cuando estás en aprietos y también cuando estás arriba. Amigos que te tienden la mano cuando la necesitas, cuando te equivocas, cuando triunfas, sin adulaciones ni reproches, amigos por todo y a pesar de todo, que saben decirte las verdades en el amor de Dios y en la caridad fraterna, aunque no te gusten, pero que te ayudan, te edifican y no te hunden o te abandonan cuando te hacen falta. Confieso también que no son tantos como me gustaría. Pero los amigos son un tesoro que no tiene precio, y los pastores necesitamos tener amigos. "En todo tiempo ama el amigo y es como un hermano en tiempo de angustia" (Pr 17:17).

En el mundo eclesiástico en el que nos movemos quienes servimos a Dios, seamos pastores o no, nos hace falta estar bien relacionados con el resto de nuestros colegas y compañeros. Como mínimo, somos «hermanos», compartimos la misma fe, al mismo Cristo, somos llamados a mantener la comunión en el cuerpo de Cristo, aunque haya quienes pensando ser los únicos «santos«, «ortodoxos» o «fieles», se niegan a relacionarse con otros creyentes a los que menosprecian y puede que hasta critiquen combatan o hasta difamen, negando la unidad de la fe y los mandamientos más básicos del evangelio, bajo la coartada de la pureza doctrinal, moral o ética —aspectos todos sobre lo que hay mucho que hablar y que decir. No cabe duda de que hay casos con los que no podemos comulgar y de los que habremos de alejarnos, pero eso no puede ser excusa para que nuestro orgullo espiritual —que es pecado— nos separe de otros creyentes por diferencias de criterio sobre aspectos diversos, que desgraciadamente no faltan en nuestros medios y mucho menos que los difamemos para desacreditarlos públicamente, como algunos hacen.

La relación crea las afinidades —y también faltas de afinidad— y fomenta el compañerismo y la amistad. Como pastor, líder de un equipo ministerial, estoy en relación con un buen número de compañeros con los que mantengo un determinado nivel de amistad, buena y necesaria. Como ministro de una denominación, mantengo igualmente una relación con muchos pastores, misioneros y ministros de mi denominación. En algunos casos, el nivel de amistad es mayor que en otros. Pero esta amistad me enriquece, así como espero servir yo mismo de enriquecimiento para otros. Como presidente que fui de una entidad de carácter general y nacional de carácter interdenominacional, he desarrollado una relación de amistad con los componentes de su junta de dirección, igualmente diversa en profundidad y alcance, pero igualmente enriquecedora. Y en los diferentes órganos en los que participo tengo amigos. Con algunos de ellos sostengo intensos debates sobre asuntos diversos, pero la amistad nos une y nos hace compartir cosas en un nivel de intimidad profundo y sincero, con aprecio y respeto mutuos. Unos a otros nos enriquecemos mutuamente, aprendiendo unos de otros a ser mejores personas y mejores cristianos, a la vez que disfrutamos de momentos preciosos de buen humor en buena compañía, compartiendo las cosas sencillas de la vida.

Resumiendo, creo que los pastores hemos de rodearnos de amigos dentro de nuestro medio en el que ministramos, en sus distintos ámbitos: local, denominacional, nacional —abarcando las diferentes denominaciones, no solo la nuestra— y en la medida de lo posible, si llegamos ahí, también fuera de nuestras fronteras. Pero hemos de saber cuál es la relación real que nos une y respetar sus límites. La amistad es un tesoro que crece o decrece según lo hagamos prosperar o menguar. "El hombre que tiene amigos *debe ser amistoso*, y amigos hay más unidos que un hermano" (Pr 18:24). Este proverbio bíblico dice mucho sobre la amistad. La versión RV1909 traduce lo de «ser amistoso» por «ha de mostrarse amigo». Otras versiones en español y en otras lenguas hablan de amistades que no duran. El sentido es que la amistad ha de ser verdadera, real, puesta de manifiesto en acciones consecuentes, no solo palabras, pues "toda *labor* da su fruto; mas las *vanas palabras* empobrecen" (Pr 14:23). La verdadera amistad aporta hechos (labor), no solo pronunciamientos (vanas palabras).

CAPÍTULO 5

Creyente antes que ministro

Son muchas las obviedades que se dicen en este libro, pero no por ser obvias son innecesarias. Muchas son las cosas en la vida que, por obvias, quedan desatendidas. Ni nos damos cuenta de que están ahí. Las vemos todos los días, pero no las apreciamos ni las aprovechamos. Demandar que un ministro del Señor sea creyente puede parecer un atrevimiento que, incluso, puede llegar a ofender a más de uno. Pero es que no podemos pretender ser *ministros* si no somos *creyentes* de verdad. Creyente no quiere solo decir *convertido*, nacido de nuevo, sino también que tenemos la fe suficiente para llevar a efecto y feliz término nuestra labor ministerial que, cómo no, también implica *fidelidad*. Un pastor tiene que ser una persona de fe, no alguien pusilánime incapaz de afrontar retos espirituales importantes, aquellos a los que nos lleva el Señor.

El apóstol Pablo escribe a los corintios: "Por tanto, que los hombres nos consideren como servidores de Cristo y administradores de los misterios de Dios. Ahora bien, lo que se requiere de los administradores es que cada uno sea hallado fiel" (1 Co 4:1-2). Si Pablo veía conveniente recordarles a los fieles en Corinto la necesidad de exigir «fidelidad» (πιστός, *pistós*, de πίστις, fe) a sus administradores (οἰκονόμοις, *oikonomois*) o dirigentes (ὑπηρέτας, *hyperetas*), no es gratuito que hablemos aquí sobre este tema.

El escritor de la Epístola a los Hebreos dice: "Acordaos de vuestros pastores, que os hablaron la palabra de Dios; considerad cuál haya sido el resultado de su conducta e imitad su fe" (He 13:7). Resalto aquí dos palabras: su conducta y su fe. Ambas van ligadas, pues la conducta no es sino el resultado de la fe; porque esta se muestra o se hace patente por medio de obras prácticas, no solo por medio de palabras altisonantes, como bien explica Santiago en su carta.

Hoy el ministerio pastoral está compuesto por todo tipo de personas, cada uno siguiendo criterios diversos en cuanto a doctrina y práctica. Los hay que son más racionalistas que creyentes en la palabra de Dios. Ese es uno de los extremos. Pero también en el extremo contrario están los exaltados, que más que creyentes son iluminados, creyendo y proclamando, no lo que dice la palabra de Dios, sino lo que su imaginación o su mente, a veces calenturienta, les da a entender. Unos y otros llevan a aquellos a quienes ministran a un terreno baldío ya de increencia ya de fanatismo, igualmente perjudicial para el testimonio del evangelio. Afortunadamente, la mayoría estamos en medio, en un equilibrio centrado en el que reconocemos los avances de la ciencia, los aportes de la crítica bíblica sana, así como la vigencia de los dones del Espíritu Santo y de la intervención milagrosa de Dios en este mundo; que basamos nuestro ministerio en el llamamiento de Dios, en su revelación bíblica y en la dirección del Espíritu Santo.

Alguno podrá preguntar: «¿si se me considera racionalista, ya por eso no soy creyente?» Bueno, para empezar, la palabra creyente puede significar muchas cosas; pero si nos atenemos al sentido estricto de la palabra, juzgue cada cual por sí mismo: ponga el peso de su razón sobre uno de los platillos de una balanza, y sobre el otro su «fe», es decir, lo que cree de la palabra de Dios, dejando fuera lo que no cree. El resultado será evidente.

Una aclaración: racionalista no es quien usa su razón para explicar las cosas importantes de la vida, sino aquel que da preeminencia a su razón sobre cualquier otra consideración y, bloqueando cualquier otra posibilidad, quien rechaza lo sobrenatural arguyendo que todo tiene una explicación natural, lógica y científica. Por otro lado, ser creyente no significa que uno rechace la razón, pues Dios nos exige creer lo que él ha revelado pero no que apaguemos la luz de nuestro entendimiento para creer cualquier cosa; y lo ha hecho con hechos, con realidades, tal como Pablo escribe a los mismos corintios a quienes hemos aludido antes: "Estuve entre vosotros con debilidad, y mucho temor y temblor; y ni mi palabra ni mi predicación fueron con palabras persuasivas de humana sabiduría, sino con demostración del Espíritu y de poder, para que vuestra fe no esté fundada en la sabiduría de los hombres, sino en el poder de Dios" (1 Co 2:3-5). Añado humildemente a lo dicho por Pablo que la fe tampoco se sustenta en supercherías irracionales. Lo cierto es que no todo es explicable por medio de la razón, ni tampoco la inmensidad de Dios puede caber en nuestros esquemas limitados de pensamiento. Por eso Pablo escribe: "De estas cosas hablamos, no con palabras enseñadas por la sabiduría humana, sino con las que enseña el Espíritu, *acomodando lo espiritual a lo espiritual*. Pero el hombre natural no percibe las cosas que son del Espíritu de Dios, porque para él son locura; y no las puede entender, porque *se han de discernir espiritualmente*" (1 Co 2.13-14, énfasis mío).

Fe y razón ni se oponen ni se excluyen, sino que pueden compaginar perfectamente y apoyarse mutuamente. Gracias al lenguaje podemos razonar, pues podemos articular pensamientos, elaborar ideas, sean estas concretas o abstractas, formular hipótesis, desarrollar argumentos y llegar a conclusiones. El lenguaje es el motor del razonamiento y, ¡qué sorpresa! Dios promueve la fe no por infusión, sino por medio del lenguaje, con todos sus recursos: "La fe es por el oír, y el oír, por la palabra de Dios" (Ro 10:17); y "agradó a Dios salvar a los creyentes por la *locura* de la predicación" (1 Co 1:21). Oír, palabra, predicación, son todos vocablos que apelan a la razón. Cuando se habla aquí de «locura», es un recurso expresivo que emplea Pablo para describir el efecto que el mensaje cristiano causaba en las mentes de sus oyentes paganos, conformadas por una filosofía, una cultura y una lógica, ancladas en sus propios prejuicios, incapaces, por tanto, de entender lo que se les predicaba. Hacía falta la iluminación del Espíritu Santo, tal como sucede hoy.

Creer no es tragarse cualquier cosa; es aceptar que lo que Dios revela es verdad. *Revelar* es mucho más que *decir*, pues implica luz y comprensión. El problema no es entre fe y razón; el problema está en el corazón humano, en la actitud soberbia que se niega a plegarse a lo que razonadamente Dios le muestra y le pide. Como nos dice el evangelio de Juan: "Esta es la condenación: la luz vino al mundo, pero los hombres amaron más las tinieblas que la luz, porque sus obras eran malas, pues todo aquel que hace lo malo detesta la luz y no viene a la luz, para que sus obras no sean puestas al descubierto" (Jn 3:19-20). Sin iluminación no puede haber fe; pero negar la luz, lo hecho evidente de alguna manera, es una decisión personal que se basa en otras realidades, aunque se escude en la razón como coartada.

Un pastor ha de ser un creyente poderoso, bien fundamentado en la palabra de Dios como sólido fundamento y fiel a esta palabra, a la sana doctrina, a su propio llamamiento y a la responsabilidad que Dios ha puesto sobre él o sobre ella. Las dos cartas de Pablo a Timoteo y la escrita a Tito, conocidas como *Cartas Pastorales*, nos proporcionan una buena cantidad de consejos al respecto. Al explicar a Timoteo las razones por las que lo dejó en Éfeso cuando tuvo que partir para Macedonia, según dice su primera carta, escribe: "El propósito de este mandamiento es el amor nacido de corazón limpio, de buena conciencia y fe no fingida. Algunos, desviándose de esto, se perdieron en vana palabrería. Pretenden ser doctores de la Ley, cuando no entienden ni lo que hablan ni lo que afirman" (1 Ti 1:5-7).

¿Se puede fingir la fe? Parece que sí. Fingir es disimular, falsificar, por tanto, implica una cierta alevosía, y se hace para engañar o manipular. También hay quien cree tener fe, cuando lo que le mueve no es sino presunción u obstinación. La fe, como el oro, solo procede de sus propios veneros. En el caso de la fe para salvación, es la respuesta del corazón humano a la palabra de Dios que le anuncia el amor de Dios, mostrándole la propia necesidad de salvación y la única solución posible: Jesucristo. Pero después de habernos reconciliado con Dios, tras nacer a una vida nueva por el poder del Espíritu, la fe que necesitamos para crecer y para vivir la nueva vida en Cristo y el ministerio a que somos llamados es un fruto del Espíritu. La savia que alimenta nuestra planta para dar ese fruto es la palabra de Dios, vivida en una comunión cercana con Cristo.

Insiste Pablo sobre la fe: "Este mandamiento, hijo Timoteo, te encargo, para que, conforme a las profecías que se hicieron antes en cuanto a ti, milites por ellas la buena milicia, manteniendo la fe y buena conciencia. Por desecharla, algunos naufragaron en cuanto a la fe" (1 Ti 1:18-19). Aquí *la fe* reviste un significado amplio referido al evangelio. Decir que los pastores hemos de ser creyentes antes que pastores quiere decir que hemos de ser íntegros en todo: en cuanto a nuestra vida espiritual y nuestra relación con Dios, la doctrina sana y correcta, nuestra lealtad a la obra y a los creyentes que Dios ha puesto bajo nuestro cuidado, etc. Es algo que hay que mantener a lo largo de nuestra vida como cristianos y como siervos de Dios. Pablo da testimonio de que no todos supieron hacerlo, y menciona sus nombres.

Es un hecho que hay pastores que sucumben a las presiones o a las tentaciones del mundo alrededor. Algunos de ellos abandonan el ministerio desalentados, frustrados, amargados. Las circunstancias y las causas pueden ser muchas y variadas, pero está claro que algo falló. Faltó la fe, que se desgastó o se debilitó; o quizá, como apunta Pablo, sus conciencias se fueron contaminando a base de permitir pequeñas debilidades que, al final, acabaron por hacer enfermar sus conciencias hasta no poder soportar más, haciendo naufragio en sus vidas y ministerios. Es como ser vencidos por puntos en un combate, por acumulación de golpes. Otros sucumbieron a la tentación más burda, cayendo por K.O. en un pecado que descalifica para el ministerio. No son pocos los casos que he conocido a lo largo del tiempo que he ejercido como ministro del evangelio y todos podemos caer, pues no somos mejores.

Por eso hemos de precavernos contra nosotros mismos, velando por nuestras almas, alejándonos de mal y de toda apariencia de pecado como el que se aleja de un peligroso precipicio, y acercándonos al Señor en humillación y sometimiento. Nada nos pone más en peligro que nuestra propia soberbia, y nada nos acerca más a Dios que nuestra propia humillación. "Bueno me es haber sido humillado, para que aprenda tus estatutos", exclama David, (Sl 119:71), alguien que supo lo que era caer en lo más profundo y vergonzoso después de haberse ensoberbecido y dar rienda suelta a sus inclinaciones pecaminosas, pensando que todo estaba permitido a un rey, que como tal estaba por encima del bien y del mal. Este mismo David escribe: "¿Quién puede discernir sus propios errores? Líbrame de los que me son ocultos. Preserva también a tu siervo de las soberbias, que no se enseñoreen de mí. Entonces seré íntegro y estaré libre de gran rebelión" (Sal 19:12-13). Parece claro que es la soberbia la que lleva a los hombres a la «gran rebelión» contra Dios. Es una buena lección para nosotros, pastores y pastoras, para evitarnos males mayores que nos avergüencen un día que desacrediten el evangelio frente a los que no creen y hundan a los que creen.

¿Ves ahora que no es gratuito proclamar que antes que pastores hemos de ser creyentes fieles e íntegros? Con Pablo decimos: "Por lo cual, teniendo nosotros este ministerio según la misericordia que hemos recibido, no desmayamos. Antes bien renunciamos a lo oculto y vergonzoso, no andando con astucia, ni adulterando la palabra de Dios. Por el contrario, manifestando la verdad, nos recomendamos, delante de Dios, a toda conciencia humana" (2 Co 4:1-2).

CAPÍTULO 6

Piensa, siente, sufre, trabaja, disfruta, ¿descansa?

Continuamos adentrándonos en la realidad íntima de la vida de los pastores. Nos hemos ocupado de sus relaciones, de su fe personal. Ahora nos ocuparemos de otros detalles que también son importantes: como ser humano, premisa inicial de nuestra reflexión, el pastor está compuesto, según el concepto bíblico, de cuerpo, alma y espíritu. Tal división nos señala tres áreas de atención en la vida del pastor, sea este hombre o mujer.

Como en el capítulo anterior nos hemos centrado en aspectos que tienen que ver con su vida espiritual, en este capítulo nos ocuparemos de los otros aspectos que tienen que ver con su vida física y material, y con su «alma», es decir, su mente, sus sentimientos y emociones, y su voluntad.

Piensa

Dijo Descartes, según nos han traducido, «Pienso, luego existo», y tan escueta frase quedó grabada en mármol para la posteridad. Para que sonara mejor, lo dijo en latín, que era el idioma de los filósofos y sabios en su época, como ha sido hasta hace no mucho tiempo: «Cogito ergo sum». Pero no hace falta hablar latín para saber y reconocer que los pastores también piensan, o pensamos, pues me honro de estar incluido en su número.

Sí, pensamos, y también solemos orar y consultar a Dios sobre todo cuanto nos concierne como pastores. La reflexión concienzuda ha de formar parte de la actividad intelectual y emocional de los pastores, como en realidad de todo ser humano, que se distingue de los demás animales, entre otras cosas, por su inteligencia. Con todo, somos falibles, como el resto de los mortales. No hay nadie infalible en la tierra, ni el mismísimo papa de Roma, por mucho que así lo proclamara el concilio Vaticano I en 1870, en el clímax de la arrogancia papal, alimentada a lo largo de los siglos. Pero eso no quita que algo debemos de haber aprendido a lo largo de nuestra carrera ministerial. Si a Timoteo y a Tito Pablo les recomienda que exijan una serie de requisitos a quienes van a ejercer el ministerio pastoral, si antes de que ejercieran el ministerio habían de ser probados y acreditados, si no se puede poner a cualquiera en el ministerio, ha de ser por algo. El mismo Pablo dice: "Esta confianza la tenemos mediante Cristo para con Dios. No que estemos capacitados para hacer algo por nosotros mismos; al contrario, nuestra capacidad proviene de Dios, el cual asimismo nos capacitó para ser ministros de un nuevo pacto" (2 Co 3:4-6). Los pastores solemos actuar reflexivamente cuando atendemos a nuestras iglesias, aunque en ocasiones nos equivoquemos. Pensar, meditar, estudiar las situaciones, sopesar las soluciones y las distintas repercusiones de nuestras decisiones o actuaciones, incluir en ellas a las personas idóneas, forma parte de nuestras responsabilidades pastorales.

A veces la vida en las iglesias se parece a un partido de fútbol: el entrenador toma decisiones, asesorado por sus ayudantes y técnicos, con resultados diversos. Pero en las gradas, y especialmente en los hogares, frente al televisor, hay multitud de «entrenadores» expertos que saben lo que hay que hacer y así lo proclaman, que no dudan en criticar las decisiones del entrenador profesional que en realidad dirige al equipo. El entrenador es quien asume la dirección de sus jugadores, quien se enfrenta a ellos y a la afición que, mientras el equipo gana, todo va bien y aplaude, pero que cuando pierde un partido se revuelve y ataca al entrenador inepto e incapaz. A muchos les parece fácil pastorear una iglesia, mantener la unidad entre personas diferentes y de diferente nivel espiritual. Llevar adelante proyectos de crecimiento y expansión en cumplimiento de la Gran Comisión requiere capacidades de liderazgo. Atender a las personas en sus necesidades requiere dedicación, paciencia, tolerancia, sensibilidad, empatía, amor, etc. Asumir responsabilidades jurídicas, administrativas y financieras requiere igualmente ser valiente y estar dispuesto a muchas cosas. Soportar los caprichos de los creyentes inmaduros requiere un carácter apacible, paciente, humilde y un buen control de sí mismo, etc.

Cuando el creyente de a pie, «experto» en liderazgo, esté acostumbrado a este tipo de presiones y situaciones y el éxito le haya acompañado en la aplicación de sus teorías, entonces su «solución» podrá ser tenida en cuenta seriamente. Hay que saber escuchar a los demás y aceptar opiniones diversas, pero eso es una cosa y tener que aceptar los dictámenes de ese tipo de «expertos», es otra muy diferente. Además, muchas veces esas «aportaciones» son malintencionadas.

Siente

El pastor piensa, pero también siente. ¿Y qué siente? Pues, como todo el mundo, es sensible al aprecio y al rechazo, al respeto y al menosprecio, a las palabras amables y a las palabras duras y ofensivas, al reconocimiento y a la crítica. Siente todo tipo de sentimientos, como cualquier otro ser humano. Tiene sentimientos buenos y también malos, como los demás, lo que ocurre es que por lo general ha aprendido —y si no lo ha hecho, tendrá que hacerlo antes o después— a someter esos sentimientos al Señor y a preservar su mente y su corazón de los resentimientos y las amarguras. Si los sentimientos que surgen de su corazón son malos, tendrá que humillarse a Dios y pedir que se los cambie. El fruto del Espíritu es "amor, gozo, paz, paciencia, benignidad, bondad, fe, mansedumbre, templanza" (Gl 5:22-23), todos ellos en esta enumeración tienen que ver con las relaciones humanas; todos son imprescindibles en el ejercicio del ministerio pastoral. En ocasiones, nuestra reacción ante ciertas situaciones nos hace indignarnos. La gente se siente rápidamente ofendida por determinadas cuestiones, por cosas que decimos los pastores desde el púlpito o en el trato con los feligreses, pero cree que los pastores somos inmunes e insensibles a determinadas actitudes, palabras, rumores que se extienden bien o malintencionadamente, etc. que tenemos una coraza que nos protege contra todo eso, y que lo mismo sucede con nuestras familias; o que, en todo caso, no tenemos el derecho a sentirnos ofendidos como los demás, ya que se supone que tenemos que ser capaces de aceptar la crítica, todo tipo de crítica.

Lo que ocurre es que la madurez cristiana permite que uno ame, que en medio de la adversidad se mantenga el gozo y la alegría, que uno no se amargue, que mantenga la paz, sea paciente y no piense lo peor de los hermanos; que pueda seguir tratándolos amablemente manteniéndose firme en su compromiso de fe sin agredir a nadie, sino siendo manso y humilde, manteniendo el control de su persona en todo momento. Son los frutos del Espíritu que, evidentemente, han de darse abundantemente en un pastor o una pastora, porque de no ser así las reacciones serían las mismas que las de cualquier ser humano sometido a presión, atosigado, agotado, humillado y minusvalorado por otros, lo que no sería un buen testimonio ni sería edificante. Ante tales circunstancias, algunos sucumben y abandonan, deprimidos, desanimados, amargados… El Señor provee su gracia para que esto no suceda, pero si nos descuidamos… todo puede suceder.

Sufre

Por eso, el «contrato» ministerial incluye una «cláusula de sufrimiento» que toda persona que se dedique al servicio del Señor ha de considerar y aceptar. Lo que ocurre es que, como muchos hacen con las interminables condiciones de los programas informáticos, marcan la casilla sin leerla, y siguen adelante. Pablo da testimonio de lo que había sido su vida:

En trabajos, más abundante; en azotes, sin número; en cárceles, más; en peligros de muerte, muchas veces. De los judíos cinco veces he recibido cuarenta azotes menos uno. Tres veces he sido azotado con varas; una vez apedreado; tres veces he padecido naufragio; una noche y un día he sido náufrago en alta mar; en caminos, muchas veces; en peligros de ríos, peligros de ladrones, peligros de los de mi nación, peligros de los gentiles, peligros en la ciudad, peligros en el desierto, peligros en el mar, peligros entre falsos hermanos; en trabajo y fatiga, en muchos desvelos, en hambre y sed, en muchos ayunos, en frío y desnudez. Y además de otras cosas, lo que sobre mí se añade cada día: la preocupación por todas las iglesias. (2 Co 11:23-29).

No toda esta lista de dificultades y sufrimientos forma parte de lo que nos tocará vivir en nuestros ministerios, pero son un ejemplo de hasta donde pueden llegar las cosas, para que no pensemos que todo ha de ser fácil en nuestra tarea. El pastorado no es una profesión bien remunerada, ni bien considerada socialmente, al menos no siempre ni en todas partes. El ministerio es un servicio que se hace al Señor y a las almas que se nos han encomendado, por el que hemos de dar cuenta, tema que tratamos al final en capítulo aparte.

Pastorear almas implica pagar un precio. De hecho, servir al Señor en cualquier ministerio implica de por sí pagar cierto precio. Cualquier pastor que en realidad lo es puede dar testimonio de ello. Pablo se lo recuerda a Timoteo cuando le pide "no te avergüences del evangelio… sé participante conmigo de los sufrimientos por el evangelio, según el poder de Dios" (2 Ti 1:8), y "sé partícipe de los sufrimientos, como buen soldado de Jesucristo" (cp. 2:3). No se trata de sufrir por sufrir, como si el sufrimiento por sí mismo fuera algo valioso. El sufrimiento es consecuencia de persistir en la consecución de un propósito, del propósito de Dios para nuestras vidas y ministerios, según su mandato de «ir y predicar», de «hacer discípulos» de «enseñar», etc. La obra de Dios tienes fines bien definidos, pero la oposición de Satanás también los tiene y es esta oposición la que produce los sufrimientos de los siervos de Dios; por eso Pablo declara, "todo lo sufro a favor de los escogidos" (2:10). No olvidemos que en todo esto contamos con "el poder de Dios" (1:8).

Trabaja

En su lista, Pablo menciona "en trabajo y fatiga, en muchos desvelos… lo que sobre mí se añade cada día: la preocupación por todas las iglesias".

Siempre se cuenta entre los pastores ese chiste que, aunque malo, expresa una realidad: un niño a quien el profesor le pregunta:

—¿Tu padre en qué trabaja?

Y el niño le contesta:

—No, Sr. Profesor, mi padre no trabaja; mi padre es pastor.

Claro, todos sabemos a lo que se refiere el niño: que su padre no tiene un trabajo secular, que su trabajo es el de pastor de una iglesia. Pero sin pretenderlo, expresa la idea que mucha gente tiene.

En determinados países, donde el evangelio está bien arraigado, por lo general los pastores de iglesias son remunerados, e incluso bien o muy bien remunerados. Pero en muchos otros lugares donde la situación no es así, la cosa varía mucho. Hay iglesias grandes que pueden sostener a sus pastores e incluso a más personal, pero muchas otras iglesias no pueden cubrir todos los gastos y además proveer para el sostenimiento digno de sus ministros. En estos casos, salvo que reciban fondos de la denominación o de alguna otra fuente, los pastores se ven forzados a trabajar secularmente. El mismo Pablo tuvo que hacerlo. Este ha sido mi caso y el de muchos compañeros que conozco en distintos momentos del ministerio. En todo caso, salvo deshonrosas excepciones, los pastores trabajan. Lo hacen en la iglesia, en alguna empresa, en negocios propios, o en ambas situaciones. No deberíamos juzgar ninguna situación, porque sería injusto.

El trabajo pastoral es normalmente intenso y dependerá en buena medida del tamaño de la iglesia y de su dinámica. En el caso de tener que trabajar además secularmente para poder mantener a la familia, el trabajo se multiplica por dos. Algunos pastores, en alguna ocasión, me han dicho: "Fui llamado al ministerio y si el ministerio no me mantiene, lo dejo. Tengo que vivir por fe". Es cierto que Pablo dice: "Así también ordenó el Señor a los que anuncian el evangelio, que vivan del evangelio (1 Co 9:14); es un derecho de los siervos de Dios y una obligación de las iglesias mantener a sus ministros. Pero las circunstancias no siempre son las idóneas y, entonces, estamos llamados a adaptarnos a ellas y resolver bajo la dirección del Espíritu Santo. Ese mismo Pablo añade después, "pero yo de nada de esto me he aprovechado, ni tampoco he escrito esto para que se haga así conmigo" (v. 15); y lo dice porque tenía otras razones más importantes que ya había expuesto previamente: "No hemos usado de este derecho, sino que lo soportamos todo por no poner ningún obstáculo al evangelio de Cristo" (v. 12). Para Pablo, si sus derechos podían en alguna manera servir de obstáculo para la extensión del evangelio, él estaba dispuesto a renunciar a ellos sin ningún problema. Al despedirse de los ancianos de la iglesia de Éfeso en Mileto, les dice: "Vosotros sabéis que para lo que me ha sido necesario a mí y a los que están conmigo, estas manos me han servido. En todo os he enseñado que, trabajando así, se debe ayudar a los necesitados, y recordar las palabras del Señor Jesús, que dijo: «Más bienaventurado es dar que recibir»" (Hch 20:34-35).

Lo de vivir por fe, expresión típicamente evangélica, es un asunto que implica muchas cosas. En principio, según nos dicen las Escrituras, todo creyente vive por fe. Para muchos, tal cosa significa que el sustento viene directamente de Dios, lo que por otro lado también es válido para todo creyente: "Poderoso es Dios para hacer que abunde en vosotros toda gracia, a fin de que, teniendo siempre en todas las cosas todo lo necesario, abundéis para toda buena obra; como está escrito: «Repartió, dio a los pobres, su justicia permanece para siempre». Y el que da semilla al que siembra y pan al que come, proveerá y multiplicará vuestra sementera y aumentará los frutos de vuestra justicia" (2 Co 9:8-10). Este texto es aplicable a todo creyente. Por eso damos gracias a Dios y bendecimos la mesa antes de comer, porque reconocemos que todo cuanto tenemos proviene de Dios.

En cuanto a nosotros, quienes servimos a Dios en el ministerio, nuestro sustento puede provenir de distintas fuentes. Si somos pastores, la iglesia debe de proveer lo necesario para que de manera digna estemos sostenidos. En el caso de los misioneros, como era Pablo, otras iglesias pueden ser quienes apoyen la obra y el ministerio. Pero en caso de que ni una cosa ni la otra suplan plenamente lo necesario, también podemos —y sin duda debemos— buscar nuestro propio sustento haciendo valer «nuestras manos», así como lo hizo Pablo. No tenemos por qué avergonzarnos de ello, pues también es actuar en fe, si es lo que Dios desea para nosotros en ese momento. En ocasiones esto permite relacionarnos con la gente a quienes queremos servir, es un buen testimonio, sobre todo en lugares donde tradicionalmente la iglesia esquilmó a los fieles, como sucedió en tiempos de Lutero con la inmoral venta de indulgencias destinadas a cubrir los gastos suntuosos del papado, y que fue parte del detonante del movimiento de la Reforma. Pero es evidente que todo debe formar parte de la voluntad de Dios.

Disfruta

¿No hemos hablado antes de sufrimiento, de trabajos? Claro que sí, pero todo no es sufrir, no todo es trabajar. ¿Quién lo soportaría? Los pastores también disfrutamos de la vida y de lo maravilloso que es servir al Señor.

Creo poder decir que los que somos realmente llamados al ministerio pastoral disfrutamos con nuestro trabajo y ministerio, a pesar de que de vez en cuando haya contratiempos o momentos de dificultad o, incluso, de sufrimiento. Pablo les confiesa a los corintios —aquellos dificultosos y complicados corintios— "Estoy lleno de consuelo y sobreabundo de gozo en medio de todas nuestras tribulaciones" (2 Co 7:4). Es extraordinario cuando un poco después añade: "por amor a Cristo me gozo en las debilidades, en insultos, en necesidades, en persecuciones, en angustias; porque cuando soy débil, entonces soy fuerte" (2 Co 12:10). ¿Cómo es posible? Lo es cuando ese gozo proviene del Espíritu Santo como uno de sus frutos naturales.

La palabra gozo se encuentra profusamente distribuida en los escritos de Pablo, porque el evangelio es «buenas noticias» y las buenas noticias siempre traen alegría, bendición y frescura al alma sedienta: "Como el agua fría para el sediento, así son las buenas noticias de lejanas tierras" (Pr 25:25). Esas buenas noticias son nuestro mensaje como pastores y como siervos de Dios. El evangelio proclama la misericordia y el perdón de Dios, su amor infinito hacia los pecadores, llamados así al arrepentimiento; es un mensaje positivo de salvación, superando el de condenación que representaba la Ley de Moisés. No entiendo cómo a la hora de evangelizar o predicar algunos insisten en este mensaje viejo en vez de sacarle partido al nuevo, positivo y gozoso. Pablo, en su mensaje en la sinagoga de Antioquía de Pisidia, proclama ante sus compatriotas: "Hermanos, hijos del linaje de Abraham y los que entre vosotros teméis a Dios, a vosotros es enviada la palabra de esta salvación, (…) os anunciamos el evangelio de aquella promesa hecha a nuestros padres (…) que por medio de él se os anuncia perdón de pecados, y que de todo aquello de que no pudisteis ser justificados por la Ley de Moisés, en él es justificado todo aquel que cree" (Hch 13:26,32,38-39). Ese es el mensaje del evangelio. Creo que cuando un vendedor atiende a su cliente para venderle un automóvil no se centra en lo viejo que está el anterior, resaltando sus defectos, posibles averías, etc. sino que se centra en las cualidades del nuevo, su confort, seguridad, belleza, etc. Uno compra lo nuevo, no meramente se deshace de lo viejo; y lo compra para disfrutarlo.

Así que, además del gozo sobrenatural que proviene de lo alto, como «don perfecto» que es, los pastores disfrutamos de la vida que nos da Dios en plenitud. Exponiéndolo de otra manera, quiero decir que los pastores y nuestras familias tenemos «derecho», como todo ser humano, a ser felices, a disfrutar con los nuestros y a disfrutar sanamente de las muchas cosas bellas y hermosas que Dios ha hecho y ha puesto a nuestro alcance y disposición. La palabra de Dios nos habla de sobriedad en todas las cosas, pero no de ascetismo que, por otro lado, es un concepto nacido de una filosofía pagana. Hay una parte de la vida de los pastores que les pertenece solo a ellos y a sus familias: es su tiempo familiar, su tiempo de ocio, de disfrute personal. Pero hay creyentes que no lo entienden, que piensan que el tiempo del pastor y de su familia les pertenece a ellos por el simple hecho de ser sus feligreses y que, por tanto, pueden molestar o acudir a ellos en busca de cualquier banalidad en cualquier momento, sin restricciones.

Nuestras sociedades tienen, según las culturas, diversos criterios sobre los horarios y el tiempo. Parece que los de nuestros pueblos latinos son más relajados a este respecto, yo diría que incluso inadecuados, en muchas ocasiones. Tiene que ver esto con llegar tarde, o no llegar y dejar plantadas a las personas, faltándoles el respeto y haciéndoles perder su tiempo, tan precioso como el nuestro; con las horas a las que nos permitimos llamar a casa de los demás o introducirnos en sus vidas privadas, etc. Ahora, con los mensajes de los teléfonos móviles, la cosa se ha agravado de dos maneras: la primera es que, además de las potenciales llamadas inoportunas, cualquier hora es válida para mandar un mensaje, no teniendo en cuenta que la gente come, descansa, o se ocupa de sus quehaceres, organizándose según sus propios criterios y circunstancias personales- La segunda es la profusión de mensajes que enviamos y reenviamos, muchas veces absolutamente inadecuados. He tenido gente, algunos de ellos absolutamente desconocidos y otros cercanos, que todos los días a las 8:00 AM me mandaban su mensajito particular, textos bíblicos, testimonios, oraciones, exhortaciones, etc. Por meses… El aburrimiento, en el caso de algunos de ellos, al no contestarles nunca, les ha hecho desistir, aunque de vez en cuando, vuelven al ataque. Otros han pasado directamente a formar parte de los archivos de *spam*.

Los pastores disfrutamos, como el resto de las personas vivas de este mundo, de veinticuatro horas de vida por día. Esas veinticuatro horas están repartidas de diversa manera, como para cualquiera: horas de trabajo —lo normal entre la gente son ocho horas de trabajo— que no son fijas en el caso de los pastores; tiempo para las comidas —en su horario normal, según el país, la cultura y las posibilidades reales; tiempo devocional y de estudio, de oración y de preparación —¿o piensan que las predicaciones y los estudios bíblicos se preparan solos y en cinco minutos?— tiempo de sueño y de descanso, tiempo de ocio, de pasear y de estar con la familia —ya hablaremos de los hijos— etc. Se me olvidaba, también hay que ir de compras al supermercado, acudir al médico de vez en cuando, y muchas más cosas. En fin, como todo el mundo.

Parece obvio, pero no todo el mundo lo entiende o lo respeta.

Después de todo lo dicho hasta aquí en este capítulo, viene al caso la pregunta:

¿Descansa?

Para todo el mundo el descanso es algo obligatorio, pues sin él llega el cansancio, el agotamiento y el colapso emocional y físico. Confieso aquí que no siempre he sabido descansar, parar, dejar a un lado las responsabilidades y ocuparme de mi familia para disfrutar del ocio, del juego, del descanso enriquecedor.

Hemos hablado ya de que la propia iglesia ha de saber respetar el tiempo privado de sus pastores, las horas familiares, sus vacaciones, etc. Pero es necesario también que nos examinemos a nosotros mismos y veamos si acaso no es nuestra propia culpa el que no descansemos suficiente y adecuadamente.

No somos legalistas en cuanto a la observancia del domingo como día de descanso, pero hemos de tener en cuenta que si el Señor dispuso por ley un día de cada siete para descansar sería por algo. El propósito era que todo ser vivo descansase, incluidos los siervos y los animales domésticos, pero también que en ese día la mente y el corazón pudieran centrarse en el dador de la vida, en el Creador. El domingo es día de trabajo para los pastores pues es día de culto —o de cultos. Personalmente, celebro que un día logramos romper la dinámica de celebrar dos cultos por domingo, lo que era realmente agotador, sobre todo para el pastor. Ciertas circunstancias —léase, la Expo del 92 en Sevilla— nos permitieron cambiar ciertos hábitos fijos. Por un lado, estuvimos dos meses de campaña en una carpa en un lugar cercano a nuestro local de cultos. Toda la actividad, incluidos los cultos, se celebraba en la carpa. Por otro lado, al concluir la campaña, el culto dominical se celebraba por la mañana, a fin de que los hermanos pudieran acudir a la Expo por la tarde, pues había voluntarios que participaban en la actividad del Pabellón de la Promesa. Seis meses de continuidad crearon un nuevo hábito congregacional y, desde entonces, nuestros cultos son por la mañana. De ese modo, la tarde queda reservada para el descanso o la vida en familia. Otros pastores, amigos y compañeros, han tomado decisiones parecidas, con gran alivio para sus vidas personales y familiares, y con aceptación generalizada de sus congregaciones, que agradecen el poder así dedicar tiempo a la familia.

Las iglesias, de una u otra forma, solemos desarrollar actividades durante toda la semana: cultos, reuniones, ensayos, visitas, etc. La pregunta es, si pretendemos que la gente participe en todo, ¿cuándo se dedican a la familia? Hoy más que nunca, nuestros hijos necesitan nuestro cuidado y atención. No dedicarles el tiempo necesario significará pérdidas irreparables en el futuro. Si no asumimos el cuidado directo de nuestros hijos, criándolos «en el Señor», otros asumirán la tarea de formarlos a su modo y, cuando nos demos cuenta del error, será demasiado tarde. Por esa razón, la hiperactividad en la iglesia lleva al cansancio generalizado y a que la gente poco a poco se queme y abandone las actividades, la iglesia, o ambas a la vez. Un ritmo acelerado solo se puede mantener durante un tiempo. Ese cansancio afecta a los miembros y al ministerio. La actividad es necesaria para cumplir con la Gran Comisión, pero ha de desarrollarse con sabiduría, con equilibrio, al ritmo adecuado, con descanso y buscando y asegurando la productividad y no la actividad por sí misma.

CAPÍTULO 7

Necesidades personales

Como personas, los pastores —tanto hombres como mujeres— tenemos necesidades personales que han de ser cubiertas. Pablo no tiene reparos en reconocer que tiene necesidades cuando escribe a los filipenses (Flp 2:25; 4:16). Son necesidades de diversas categorías, que estudiamos a continuación.

Bien conocida es la pirámide de Maslow, que superpone las necesidades según niveles de prioridad en la vida de las personas. Aunque esta pirámide tiene sus críticos entre los psicólogos actuales, nos es útil para clasificar en cierta manera las necesidades humanas, a las que los pastores también estamos sometidos.

Con todo, seguiré mi propio orden, aunque teniendo criterios parecidos en cuanto al nivel de prioridad. Como pastores tenemos necesidades específicas que hemos de considerar de manera espiritual, puesto que hay que ajustar «lo espiritual a lo espiritual», tal como nos explica el apóstol Pablo, en buena medida nuestro mejor maestro en todos estos temas.

Necesidades básicas

Necesidades básicas son la comida, el vestido, la vivienda, etc. Jesús dijo: "No os angustiéis, pues, diciendo: «¿Qué comeremos, o qué

Pirámide de Maslow

beberemos, o qué vestiremos?», porque los gentiles se angustian por todas estas cosas, pero vuestro Padre celestial sabe que tenéis necesidad de todas ellas. Buscad primeramente el reino de Dios y su justicia, y todas estas cosas os serán añadidas. Así que no os angustiéis por el día de mañana, porque el día de mañana traerá su propia preocupación. Basta a cada día su propio mal" (Mt 6:31–34).

Jesús hace referencia a las necesidades básicas de las personas: comida, bebida, ropa; y a la angustia, afán o preocupación que causa el no tener asegurada la provisión necesaria para el día a día y el mañana. No es este un problema menor para las familias pastorales, como tampoco lo es para muchas otras personas. De hecho, es un problema básico y fundamental para el crecimiento y la extensión de la obra de Dios. La financiación del ministerio es un asunto de trascendental importancia, pues para que haya ministros que se ocupen de la obra de Dios, es decir, de las almas, sus necesidades económicas han de estar cubiertas dignamente. Es cierto que la fe forma parte de este menester, pero hemos de entender bien lo que quiere decir *fe* aquí. El apóstol Pedro aconseja: "Echad toda vuestra ansiedad sobre él, porque él tiene cuidado de vosotros" (1 P 5:7), y sin esa fe difícilmente nadie se arriesga a responder al llamado de Dios. Además, la inestabilidad económica, cuando lo básico falta en el hogar, es causa de conflictos en la pareja y, por tanto, una causa importante de desequilibrio en el ministerio. La obra de Dios se ve afectada negativamente y es un mal testimonio para la familia, para la iglesia y para los de fuera de la iglesia. He visto a muchos prácticamente mendigando, dando pena, comprometiendo a otros de manera poco elegante e indigna, esperando que sean otros con su propia fe quienes los saquen adelante.

Pero la fe se fundamenta en las promesas de Dios y depende en buena medida de la obediencia de su pueblo, pues como escribe Pablo, "¿No sabéis que los que trabajan en las cosas sagradas, comen del Templo, y que los que sirven al altar, del altar participan? Así también ordenó el Señor a los que anuncian el evangelio, que vivan del evangelio" (1 Co 9:13-14). A Timoteo, pastor en Éfeso, le escribe, "los ancianos que gobiernan bien, sean tenidos por dignos de doble honor, mayormente los que trabajan en predicar y enseñar, pues la Escritura dice: «No pondrás bozal al buey que trilla» y «Digno es el obrero de su salario»" (1 Ti 5:17-18). Es decir, que la responsabilidad de que los diferentes ministros que sirven al Señor tengan sus necesidades cubiertas recae sobre la iglesia. En las cartas de Pablo se habla de ofrendas, de generosidad, de dineros procedentes de los creyentes para hacer avanzar la obra de Dios financiando el trabajo de sus siervos. En la carta que dirige a los Filipenses, la más emotiva de cuantas escribió, les dice:

> Bien hicisteis en *participar* conmigo en mi tribulación. Y sabéis también vosotros, filipenses, que al principio de la predicación del evangelio, cuando partí de Macedonia, ninguna iglesia *participó* conmigo en razón de *dar y recibir*, sino vosotros únicamente, pues aun a Tesalónica *me enviasteis una y otra vez para mis necesidades*. No es que busque *donativos*, sino que busco fruto que abunde en vuestra cuenta. Pero todo lo he recibido y tengo abundancia; estoy lleno, habiendo recibido de Epafrodito lo que enviasteis, olor fragante, sacrificio acepto, agradable a Dios. Mi Dios, pues, suplirá todo lo que os falta conforme a sus riquezas en gloria en Cristo Jesús. (Flp 4:14-19).

He resaltado las expresiones que tienen que ver con *participar*, que no es otra cosa que *compartir* (gr. *koinoneo*), esto es, «dar y recibir», según el mismo texto explica. Pablo está hablando concretamente de la ofrenda que los filipenses le enviaron por medio de Epafrodito para cubrir sus necesidades. Previamente a este agradecimiento expreso les había comunicado que estaba preparado para experimentar tanto la escasez como la abundancia, pues había aprendido a contentarse con lo que tenía en cada momento, sabiendo que Dios es quien suple a toda necesidad.

Como siervos de Dios dependemos de Dios y tendremos que aprender a estar satisfechos tanto en la abundancia como en la escasez, y a superar los momentos difíciles por medio de la fe puesta en un Dios vivo, pues él es nuestro patrón y no la iglesia. Nuestra dedicación al ministerio no puede depender de que alguien nos pague por ello, pero es justo esperar que si nos dedicamos a la obra de Dios nuestro sustento provenga de esa misma obra. Dependerá de muchas cosas, especialmente del grado de desarrollo que tenga la obra en la que estamos involucrados. Mientras tanto, hay medios de lograr los recursos necesarios para cubrir nuestras necesidades, bien por aportaciones de otras iglesias o creyentes particulares que nos ayuden, o mediante un trabajo secular o actividad económica que también nos permita tiempo para el ministerio. Hay posibilidades, si no nos cerramos a ellas, todo lo cual demanda fe: depender de ofrendas de otros es vivir por fe; pero trabajar secularmente, si así es la voluntad de Dios, y trabajar en el ministerio, también es vivir por fe. En determinado momento de su ministerio Pablo confiesa: "Hasta el día de hoy padecemos hambre y tenemos sed, estamos desnudos, somos abofeteados y no tenemos lugar fijo donde vivir. Nos fatigamos trabajando con nuestras propias manos" (1 Co 4:11-12). Son realidades que puede que nos toque vivir y habremos de hacerlo por fe, dependiendo de Dios, que es nuestro verdadero proveedor. ¿No enseñamos a los creyentes que cuando damos el diezmo o la ofrenda simplemente damos de lo que recibimos de Dios? Nuestro soporte económico y financiero, sea vía trabajo o vía ofrendas, viene de Dios y, por tanto, se obtiene igualmente por fe.

Con todo, los creyentes en particular y las iglesias en general han de ser responsables en cuanto a dar y sostener económicamente la obra de Dios. Mucho se sigue debatiendo sobre si el diezmo pertenece al Nuevo Testamento o no, pero de lo que no cabe duda, según los escritos neotestamentarios, es que el creyente está llamado a dar y a hacerlo con generosidad, proporcionalmente a lo que gana y con regularidad. Además, ha de hacerlo con alegría, porque es un privilegio ofrendar para la obra de Dios. El diezmo es un punto de partida que se da, no por ley, sino como fruto de la generosidad que debe surgir de un corazón regenerado, aunque sabemos, como dicen algunos, que «el bolsillo es lo último que se convierte». Cuando el cristiano da su diezmo o su ofrenda, motivada por el agradecimiento y el amor de Dios, está haciendo un acto de adoración, "olor fragante, un sacrificio aceptable y agradable a Dios" (Flp 4:18).

Dentro de las necesidades básicas, no podemos olvidar que los seres humanos también son seres sexuados, con una sexualidad natural que implica necesidades y apetitos sexuales. Los pastores no somos llamados al celibato, sino a ser "maridos de una sola mujer" (1 Ti 3:2). Parece ser que Pablo era soltero o, quizá, viudo; pero él mismo expresa su derecho a estar casado y a ser sostenido económicamente por la iglesia: "¿Acaso no tenemos derecho a comer y beber? ¿No tenemos derecho a llevar con nosotros una hermana por esposa, como hacen también los otros apóstoles, los hermanos del Señor y Cefas?" (1 Co 9:4-5). Hay personas a las que Dios llama para ser célibes, o serlo por un tiempo, y Dios les da la gracia para vivir en ese estado limpia y sanamente, pero lo normal es estar casados, especialmente los pastores.

Pablo, respondiendo a una pregunta que le habían hecho los creyentes corintios, declara: "por causa de las fornicaciones tenga cada uno su propia mujer, y tenga cada una su propio marido. El marido debe cumplir con su mujer el deber conyugal, y asimismo la mujer con su marido" (1 Co 7:2-3).

A los tesalonicenses también les escribe: "La voluntad de Dios es vuestra santificación: que os apartéis de fornicación; que cada uno de vosotros sepa tener su propia esposa en santidad y honor, no en pasión desordenada, como los gentiles que no conocen a Dios; que ninguno agravie ni engañe en nada a su hermano" (1 Ts 4:3-6). Soy consciente de que la traducción de este texto es objeto de polémica, pues se puede interpretar de distinta manera. La RV 1909 traduce literalmente "que cada uno de vosotros sepa tener *su vaso*[10] en santificación y honor". ¿Qué quiere decir Pablo al hablar, usando una metáfora, del «propio vaso»? Cualquiera que sea la respuesta que demos será necesariamente una interpretación, tanto si nos inclinamos por entender que se refiere al propio cuerpo, como dicen algunos, o si nos inclinamos por

---

[10] ἕκαστον ὑμῶν τὸ ἑαυτοῦ σκεῦος κτᾶσθαι ἐν ἁγιασμῷ καὶ τιμῇ, Nestle, E., Nestle, E., Aland, B., Aland, K., Karavidopoulos, J., Martini, C. M., & Metzger, B. M. (1993). *The Greek New Testament* (27 ed., 1 Tes 4:4). Stuttgart: Deutsche Bibelgesellschaft.

entender que se refiere al cónyuge. Si traducimos literalmente, como hizo Casiodoro de Reina y han hecho otros traductores antiguos, el lector queda libre para opinar o, quizá, no entender nada. La mayoría de los traductores modernos se Inclinan por entender que el *vaso* se refiere a la esposa, y lo hacen por el contexto inmediato que habla de fornicación —pecado sexual en general— y del agravio y engaño al hermano, que es el producto directo del adulterio.

Así que, los pastores también necesitamos el equilibrio que proporciona tener una esposa y la esposa un marido. Y ambos hemos de entender cuáles son las implicaciones que tal cosa comporta y que repetimos aquí: "El marido debe cumplir con su mujer el deber conyugal, y asimismo la mujer con su marido". Ser fieles en esto, aunque no es una garantía absoluta, es un elemento básico para evitar las tentaciones extramaritales. Un pastor amigo mío me dijo una vez, "si uno come jamón todos los días, no querrá la mortadela". Lo que ocurre es que, hay quienes se cansan del jamón y quieren probar la mortadela italiana, que tiene fama, u otros manjares extraños.

Necesidades espirituales

Nuestro ministerio es, según Pablo, «ministerio del Espíritu» (2 Co 3:6,8). Esto nos sitúa en una dimensión espiritual clara y definida. Aunque haya disciplinas que puedan ayudarnos en nuestra labor pastoral, como la psicología, la pedagogía y la didáctica, la oratoria, etc., el ministerio es sobre todo un asunto de índole espiritual. Por tanto, como pastores, buena parte de nuestras necesidades son igualmente espirituales. Como «administradores de los misterios de Dios» (1 Co 4:1) somos llamados a ministrar, es decir, a dar, y nadie puede dar lo que no tiene o no ha recibido. El mismo Pablo añade, "¿qué tienes que no hayas recibido?" (v. 7).

El primer conflicto que surge en la iglesia de Jerusalén es de orden práctico: la obra social se ve sacudida por una queja de los creyentes judíos de cultura griega, porque consideraban que sus viudas estaban siendo perjudicadas frente a las de cultura hebrea. La queja iba dirigida contra los apóstoles, los cuales responden: "No es justo que nosotros dejemos la palabra de Dios para servir a las mesas. Buscad, pues, hermanos, de entre vosotros a siete hombres de buen testimonio, llenos del Espíritu Santo y de sabiduría, a quienes encarguemos de este trabajo. Nosotros persistiremos en la oración y en el ministerio de la Palabra" (Hch 6:2-4).

La situación pone de manifiesto que la principal labor de los apóstoles —y podemos decir, de los pastores hoy— es la oración y el ministerio de la palabra, es decir, la predicación y la enseñanza, basadas en la búsqueda de Dios en la intimidad de la oración y el estudio.

En el mismo sentido, Pablo recomienda a Timoteo: "Entre tanto que voy, *ocúpate* en la lectura, la exhortación y la enseñanza. No descuides el don que hay en ti, que te fue dado mediante profecía con la imposición de las manos del presbiterio. Ocúpate en estas cosas; permanece en ellas, para que tu aprovechamiento sea manifiesto a todos. Ten cuidado de ti mismo y de la doctrina; persiste en ello, pues haciendo esto te salvarás a ti mismo y a los que te escuchen" (1 Ti 4:13-16).

Todo esto nos indica que, si somos llamados a dar, a ministrar a otros, hemos de atender a nuestras propias necesidades espirituales primero. "Ten cuidado de ti mismo y de la doctrina". ¿A qué cuidados se refiere el apóstol? A sus propias necesidades espirituales, que no eran pocas. Al parecer, Timoteo era tímido, como joven inexperto aún en muchas facetas de la vida. Necesitaba consejo pastoral, asesoramiento de quien era más experto que él, ánimos, palabras sabias… ¿Cuáles son nuestras necesidades personales de tipo espiritual como pastores? ¿Quién puede suplirlas adecuadamente?

En los círculos ministeriales se habla mucho de todo esto y se proponen acciones para aportar apoyo a los pastores, sobre todo a los más jóvenes. Hay quienes se dedican a tratar a pastores con problemas, dando seminarios, talleres, ofreciéndose como consejeros experimentados. Otros desean ser pastores de pastores, una figura que bíblicamente solo corresponde al mismo Jesús, el pastor por excelencia. Actualmente el llamado movimiento neoapostólico reclama ser el último mover de Dios ante el que hay que plegarse, y ofrece «cobertura» a iglesias y pastores que, por lo visto, no tienen ninguna —muchas de ellas o ellos, porque han abandonado la que les era natural.

Lo más sencillo es estar integrado en algún movimiento o compañerismo de iglesias, aunque eso no garantiza que las necesidades espirituales de los pastores queden debidamente cubiertas. La independencia total no es buena ni para la iglesia ni para los pastores.

Formar parte de algún grupo o denominación provee de un marco más amplio que nos sirve de referencia. En primer lugar, afirma nuestra identidad, pues, aunque eso de ser «interdenominacional» queda muy bonito y parece dotar a quien ostenta tal título de un aura de iglesia «más abierta», identificarse con una tendencia, familia o tradición teológica nos ubica y nos aporta la riqueza histórica y doctrinal que tal tendencia, familia o tradición ha obtenido a lo largo de la historia. No es la existencia de las denominaciones lo malo, sino el denominacionalismo sectario que divide y separa, el cual reside en nuestras actitudes, los que componemos la denominación; no es la tradición el peligro, sino el tradicionalismo que adormece y mata la espiritualidad. Sé lo que es un reformado, un metodista, un bautista, un pentecostal o un carismático; pero nadie sabe lo que es y lo que cree un «interdenominacional». Puede ser cualquier cosa. Con todo, no estoy en contra de tal título, solo digo que tener una identidad clara es mejor y, por supuesto, es criterio personal, plenamente discutible.

En segundo lugar, pertenecer a un grupo de iglesias y, por tanto, a un colegio ministerial, puesto que las iglesias tienen pastores y ministros diversos y que estos comparten inquietudes y necesidades comunes, implica que en alguna medida los problemas normales del ministerio son compartidos, tratados y atendidos. Hay compañeros, colegas, amigos, etc. que pueden echar una mano. Lo más seguro es que la propia denominación o grupo de iglesia tenga mecanismos de ayuda pastoral y organice retiros, talleres, encuentros, etc. para proveer formación, ánimo y apoyo espiritual a sus ministros. En gran parte esto depende también del tipo de estructura de gobierno de la denominación, si es episcopal, presbiteriana o congregacional.

Hay un orden natural también que conviene tener en cuenta e incluso resaltar. Tenemos el ejemplo de Pablo, apóstol y misionero quien, como fundador de un buen número de iglesias en Asia Menor y Europa, también ejercía de pastor. No hace falta enumerarlas aquí, pero sí nos fijaremos en el tipo de relación que mantenía con ellas una vez que, establecidos sus ancianos o dirigentes, Pablo continuaba su ruta misionera.

Por ejemplo, la iglesia de Corinto, cuya fundación se relata en Hechos 18. Pablo estuvo allí trabajando junto a Aquila y Priscila durante un año y medio. Puede que al salir de allí dejara encargado de la obra a Apolos (19:1). Al parecer, Pablo escribió cuatro cartas a esa iglesia, aunque se conservan solo dos, que son las que están en nuestro Nuevo Testamento. La conocida como Primera Carta trata de ciertos problemas presentes en la iglesia, respondiendo a los informes de un tal Cloé y a las preguntas que se le hacen sobre determinados asuntos por parte de los hermanos de la iglesia. Lo primero que corresponde decir es que Pablo reconoce la autonomía de la iglesia, pues les declara: "El testimonio acerca de Cristo ha sido confirmado entre vosotros, de tal manera que nada os falta en ningún don mientras esperáis la manifestación de nuestro Señor Jesucristo; el cual también os mantendrá firmes hasta el fin, para que seáis irreprensibles en el día de nuestro Señor Jesucristo. Fiel es Dios" (1 Co 1:6-9). Señala que nada les faltaba en cuanto a dones espirituales, así como que, al fin y al cabo, dependían de Dios y de su fidelidad para mantenerse firmes y concluir su carrera victoriosos. Inicia su consejo como un ruego (1:10). El tono de los argumentos que se siguen es absolutamente respetuoso con la iglesia y, por consiguiente, con sus ministros.

Al tratar el problema de los bandos que existían en la iglesia, les dice: "¿Qué, pues, es Pablo, y qué es Apolos? Servidores por medio de los cuales habéis creído; y eso según lo que a cada uno concedió el Señor. Yo planté, Apolos regó; pero el crecimiento lo ha dado Dios. Así que ni el que planta es algo ni el que riega, sino Dios que da el crecimiento" (3:5-7). Minimiza tanto su actuación como la de Apolos, que le dio continuidad, para resaltar la obra de Dios como más importante y trascendental. Añade, "Conforme a la gracia de Dios que me ha sido dada, yo, como perito arquitecto, puse el fundamento, y otro edifica encima" (3:10).

Al final del capítulo cuatro, aunque con el mismo espíritu de respeto y valiéndose de su posición de fundador de la iglesia, se ve forzado a declarar:

> No escribo esto para avergonzaros, sino para amonestaros como a hijos míos amados. Aunque tengáis diez mil maestros en Cristo, no tendréis muchos padres, pues en Cristo Jesús yo os engendré por medio del evangelio. Por tanto, os ruego que me imitéis. Por esto mismo os he enviado a Timoteo, que es mi hijo amado y fiel en el Señor, el cual os recordará mi proceder en Cristo,

de la manera que enseño en todas partes y en todas las iglesias. Algunos están envanecidos, como si yo nunca hubiera de ir a vosotros. Pero iré pronto a visitaros, si el Señor quiere, y conoceré, no las palabras, sino el poder de los que andan envanecidos, pues el reino de Dios no consiste en palabras, sino en poder. ¿Qué queréis? ¿Iré a vosotros con vara, o con amor y espíritu de mansedumbre? (4:14-21).

Es una relación natural de padre a hijos, no jerárquica; como ruego, y no como imposición; mediante el ejemplo, que es la mejor manera de liderar y ejercer autoridad y trayéndoles a la memoria su propia actuación práctica, basada no palabrería sino en hechos y en el poder de Dios que la acompañaba; con amor y espíritu de mansedumbre, no por fuerza o violencia. Timoteo hace de intermediario, de precursor de su visita.

Y aparece aquí una palabra muy interesante: la del mentor. ¡Qué bueno es para los pastores tener o haber tenido mentores! Lo mejor es que lo sean por razones naturales, por vínculos ministeriales surgidos de experiencias compartidas, de una paternidad espiritual natural; pero también puede ser que provengan de afinidades puestas de manifiesto a lo largo de años de contacto y amistad. Un mentor es alguien de mayor edad y experiencia que puede aportar consejo, reflexión, prudencia, sabiduría, ánimo, corrección, etc. Disponer de ellos es disponer de un gran tesoro. Conozco personalmente a pastores que han sabido asociar a sus ministerios con alguien que les ha demostrado verdadero interés, sin espíritu de acaparamiento o de expansión personal y que les son de gran ayuda, por su asesoramiento y apoyo ministerial desinteresado.

Las cartas de Timoteo y Tito son un ejemplo del valor de ese consejo del mentor a sus ahijados. En el caso de ambos, Pablo era su mentor por derecho propio. A cada uno de ellos se dirige llamándolos «verdadero hijo en la fe».

Dicho todo esto, la propia congregación ha de ser consciente de que sus pastores, ministros y obreros, tienen necesidades espirituales que han de ser suplidas en su propio beneficio. ¿Cómo se plasma esa consciencia en hechos prácticos? Pues entendiendo que las funciones fundamentales de sus pastores son espirituales: la oración y la predicación y, por tanto, el estudio y la preparación. Hacer que los pastores tengan que estar ocupados demasiado tiempo en otras tareas de carácter más administrativo o técnico disminuirá en una proporción similar la calidad de sus ministerios en el ámbito de la atención pastoral.

En iglesias de un determinado tamaño la membresía tendrá que aceptar que quien les visite no siempre sea el pastor; que las tareas de mantenimiento de las instalaciones las realicen equipos dedicados a tal fin, como los llamados «diáconos» de Hechos 6, etc.

La preparación de predicaciones y estudios requieren horas de dedicación y trabajo, de búsqueda de Dios en oración y meditación. Es importante que los pastores —esposo y esposa— acudan a retiros y conferencias de donde obtener savia nueva para sus vidas espirituales y para la de sus feligreses, y que puedan ser invitados a otras iglesias, dentro y fuera de las fronteras nacionales, para ministrar y compartir sus propias experiencias con otros pastores e iglesias a la vez que pueden ver cómo Dios obra en otros lugares, de donde siempre se puede aprender algo que enriquezca el ministerio y, por tanto, a la iglesia.

Estabilidad familiar

La estabilidad familiar es absolutamente necesaria para el ejercicio de un ministerio pastoral eficaz. Esto entra dentro de las necesidades de seguridad que sugiere Maslow. No sentirse seguro significa tener que desviar la atención y muchas energías a otros asuntos que no son los propios del ministerio en lo que concierne al servicio a los demás. En sentimiento de inseguridad es peligroso, pues desequilibra a la persona y produce reacciones indeseadas.

La estabilidad familiar proviene, en primer lugar, de un matrimonio bien fundado y estable, donde marido y mujer se amen de verdad, se respeten y sepan dirimir sus diferencias no solo civilizadamente, sino también cristiana y espiritualmente. Todos sabemos que la vida en común de dos personas no es fácil y que requiere no solo del amor *eros* —la pasión, que inicia la relación—, y del amor *filo* —la afinidad y el cariño, que le dan durabilidad a la relación—, sino también del amor *agape*, el verdadero amor que supera las dificultades y los obstáculos y lo hace indestructible. No bastan solo el enamoramiento y la fuerza nacidos del erotismo o del cariño humano, buenos y necesarios ambos, sin duda, sino también el amor de Dios, que es el que une de verdad y no caduca ni fenece si vivimos en el Espíritu, y no en la carne. Al parecer, si damos credibilidad a los psicólogos y sexólogos de hoy, tanto el *eros* como el *filo* tienen fecha de caducidad. La Biblia, por el contrario, nos enseña que ambos se pueden cultivar para mantenerlos vivos; aunque si no se hace, ciertamente se marchitan con el tiempo. Pero lo realmente cierto es que el amor *ágape* es el único que puede hacer que el matrimonio y el amor que lo sostiene dure toda la vida; y lo hace porque proviene de Dios como fruto natural de su Espíritu.

La estabilidad familiar también significa orden en cuanto a la educación de los hijos y su comportamiento consiguiente. Sin dejar de entender que los niños son niños y, por tanto, son imperfectos e inmaduros —como tantas veces los adultos también lo somos— y que como tales se comportarán, y que están en formación, en las familias pastorales se han de dar unos niveles adecuados de estabilidad y orden, tal como se les exige a quienes van a «gobernar» —«cuidar», se añade después como sinónimo— la casa de Dios.[11] Estabilidad quiere decir un funcionamiento normal, no desestructurado, como en todas las familias normales; ni más, ni menos.

Para que haya estabilidad también ha de haber seguridad económica, como ya se ha hablado antes al referirnos a las necesidades de los pastores. La estabilidad económica la provee el Señor, por medio de una iglesia responsable si es que esta ha alcanzado su estado de madurez; y si no, mediante ofrendas y aportaciones del exterior o un trabajo que permita la financiación del ministerio sin impedirlo o ahogarlo. La cuestión aquí, en este caso, no es «trabajo secular sí» o «trabajo secular no», sino si este es solo un medio o se constituye en un fin en sí mismo. Es una cuestión de mantener las prioridades: el ministerio como llamamiento último o el trabajo como medio de realización profesional y personal. No todos saben combinar ambas cosas en el orden correcto.

Con todo, la estabilidad en la vida del cristiano viene de arriba y comienza por uno mismo; es decir, la estabilidad psíquica, física y emocional del pastor y de su cónyuge, más todo lo demás. Tal estabilidad la dan la fe y la confianza en Dios obtenidas por medio de una vida de consagración y búsqueda de Dios. Como ministros dependemos

---

[11] "Que gobierne bien su casa, que tenga a sus hijos en sujeción con toda honestidad, pues el que no sabe gobernar su propia casa, ¿cómo cuidará de la iglesia de Dios?" (1 Ti 3.4-5).

absolutamente de Dios y no de nuestros propios recursos. El Salmo 121 proclama: "El Señor te guardará de todo mal, él guardará tu alma. El Señor guardará tu salida y tu entrada desde ahora y para siempre" (Sl 121:7), y en Proverbios se afirma: "La casa de los justos permanecerá firme" (Pr 12:7). Hay muchas más promesas en las Escrituras que podemos apropiarnos por fe y que nos proporcionarán la confianza en Dios necesaria para sentirnos seguros, sabiendo que si Dios nos ha llamado, él mismo nos capacitará para cumplir con nuestra misión y suplirá a cuanto nos haga falta.

Reciclaje

Al hablar de reciclaje venimos indefectiblemente al terreno de la capacitación, la formación y el desarrollo ministerial. No se puede reciclar lo inútil, pues como dice Jesús, "si la sal pierde su sabor, ¿con qué será salada? No sirve más para nada, sino para ser echada fuera y pisoteada por los hombres" (Mt 5:13); pero se recicla lo que un día sirvió para algún fin y ahora necesita renovarse por estar caduco, viciado o simplemente necesitar una puesta al día. Vivimos en un mundo acelerado y vertiginoso, en el que todo cambia con una rapidez inaudita. Nuestra sociedad no es igual a la de hace treinta o veinte años; nuestras iglesias tampoco. La vida de nuestros fieles no se organiza igual que antes: los hábitos de vida y el uso del tiempo; el trabajo generalizado de ambos cónyuges, o su falta; los estudios de los hijos que hoy llegan de manera mayoritaria a la universidad; la propia distribución topográfica de los miembros de las congregaciones, mucho más dispersa; los niveles de confort y seguridad hoy exigidos en nuestros templos o locales de culto, etc. Nada es igual que antes. No hemos de mirar estos cambios siempre como algo negativo; simplemente hemos de saber adaptarnos al paso inexorable del tiempo y a los cambios circunstanciales que tal cosa conlleva. Si nos sentimos incómodos es porque no hemos logrado una adaptación exitosa y aun andamos renqueando intentándolo.

Al mismo tiempo, al evolucionar demográfica e ideológicamente la sociedad en la que vivimos, se nos plantean desafíos culturales, sociales y éticos que nunca antes habíamos tenido o, al menos, no en la misma medida o intensidad. Las viejas fórmulas y recetas, si es que alguna vez sirvieron, ahora ya no valen en cuanto al modo de aplicación. Los principios bíblicos no cambian con los tiempos, ni de cultura a cultura, pero no todo lo que se nos exigía como bíblico eran principios escriturales, sino que en muchas ocasiones no eran más que normas eclesiásticas respaldadas por determinadas culturas predominantes en el campo evangélico. Hemos de aprender a discernir los tiempos, no solo en el sentido profético, sino también en cuanto a su evolución global. El mundo llamado «desarrollado», concepto hoy bastante cuestionado en muchos aspectos, se ha visto y se ve invadido por masas de *migrantes* — manera neutra de designación destinada a evadir las connotaciones de los prefijos indicativos de salida (e) o entrada (in)— sean estos por causas económicas o de catástrofes, como guerras, genocidios, etc. Nuestras iglesias se ven afectadas en muchas maneras por estos movimientos demográficos que llevan consigo, además, otros tipos de implicaciones, como son las idiomáticas, culturales, económicas, doctrinales, etc.

No menos importantes son los efectos de las varias revoluciones experimentadas por nuestro mundo en las últimas décadas: revolución feminista, revolución sexual, desarme moral, revolución tecnológica, revolución digital, caída del comunismo soviético, resurgir del islamismo y del terrorismo internacional que, aunque no sean la misma cosa, no dejan de estar conectados. Las estructuras sociales han cambiado; el modelo familiar único ya no es tal; el matrimonio reviste para la sociedad formas diferentes afectando directamente a nuestros modelos éticos cristianos. Nuevas ideologías sobre el papel de hombres y mujeres nos interpelan continuamente.

Si siempre fue necesaria la formación y la capacitación de quienes habían de servir al Señor en el ministerio, en los tiempos que vivimos, tal formación es mucho más necesaria: formación bíblica y formación humana, porque las demandas son mayores y más variadas. Los aspirantes al ministerio han de ser conscientes de los nuevos retos y de lo que exigen de nosotros; y los viejos y expertos ministros que llevamos años al servicio de la obra de Dios, también hemos de ser conscientes de nuestra necesidad de reciclaje y puesta al día.

Reconocimiento

Todo ser humano quiere sentirse parte de su entorno y ser reconocido y valorado por quienes le rodean, comenzando por su propia familia, sus compañeros de estudio o trabajo, sus conciudadanos, etc. Maslow así lo pone de manifiesto en su conocida pirámide a la que nos hemos referido al comienzo de este capítulo. Los pastores también necesitamos ese reconocimiento y valoración. No se trata de sentirnos alagados o incluso adulados por quienes nos rodean por una simple satisfacción personal. Es algo mucho más profundo; es una necesidad natural de aprecio y de saber que lo que uno hace está bien hecho y sirve para algo. No podemos esperar tal reconocimiento y aprecio por parte de quienes desde fuera nos ven como una amenaza o un peligro para la estabilidad de sus vidas pecaminosas, o quienes simplemente nos ignoran; pero es algo debido por parte de la congregación a la que servimos.

Conviene dejar claro aquí que el primer reconocimiento que necesitamos es el de Dios mismo respaldando nuestro ministerio, pues de nada nos sirve la aprobación de los hombres si Dios no nos aprueba. Al gran caudillo de Israel a la muerte de Moisés, Josué, Dios le dijo frente a las murallas de Jericó: "Desde este día comenzaré a engrandecerte ante los ojos de todo Israel, para que entiendan que como estuve con Moisés, así estaré contigo" (Js 3:7). Un poco más adelante, el relato bíblico afirma que "estaba, pues, el Señor con Josué, y su nombre se divulgó por toda la tierra" (Js 6:27). Dios estaba respaldando a Josué, tal como le había prometido: "como estuve con Moisés, estaré contigo; no te dejaré ni te desampararé" (Js 1:5). El Señor no nos promete popularidad; por el contrario, nos asegura su respaldo y protección, que es algo muy distinto. Hay quienes prefieren la primera a lo segundo; a nosotros nos corresponde elegir entre ambas posibilidades. Pablo declara enfáticamente que "no es aprobado —reconocido— el que se alaba —o se promueve— a sí mismo, sino aquel a quien Dios alaba —o recomienda" (2 Co 10:18).

En segundo lugar, es la propia aprobación la que es necesaria para mantener en tanto que pastores un equilibrio emocional y espiritual adecuado. Esta parte es más importante de lo que se piensa. Los psicólogos hablan de la *autoestima* como un parámetro imprescindible para mantener el equilibrio personal. No encontraremos este término en la Biblia, como tampoco están muchos otros que usamos habitualmente, pero sí podemos pensar en alguno que pudiera ser equivalente como, por ejemplo, el de *conciencia*. Trataremos el asunto más adelante, cuando nos ocupemos de la percepción que tenemos de nosotros mismos.

A la iglesia también le corresponde reconocer y valorar debidamente a quienes la sirven con dedicación y eficiencia. El apóstol Pablo le pide a Timoteo que enseñe lo siguiente en la iglesia de Éfeso, de la que era pastor: "Los ancianos que gobiernan bien, sean tenidos por dignos de doble honor, mayormente los que trabajan en predicar y enseñar" (1 Ti 5:17). Se refiere a los ministros de la iglesia, aquellos que menciona la Carta a los Hebreos cuando dice, "acordaos de vuestros *pastores*[12], que os hablaron la palabra de Dios; considerad cuál haya sido el resultado de su conducta e imitad su fe" (He 13:7). Literalmente, la palabra traducida por pastores aquí significa «los que gobiernan» o «ejercen autoridad» sobre la iglesia. El doble honor del que habla Pablo —un honor añadido a otro previo— se refiere según el contexto inmediato al sustento económico, además del debido a causa de su ministerio. Una congregación que no expresa de manera fehaciente el aprecio por sus pastores —y el tratamiento del salario pastoral es una buena prueba de ello— manifiesta en forma práctica una mezquindad clara hacia aquellos a quienes debe reconocer y apreciar por la labor que hacen.

En las iglesias hay de todo, como en cualquier colectivo humano. Hay congregaciones cariñosas y respetuosas con sus pastores y otras que no lo son. Las hay que los tienen por simples empleados que han de cumplir una función mientras que los «caciques» locales —consejo de iglesia, diáconos, principales, u otros— gobiernan la iglesia a su antojo. Recordemos que, aun entendiendo que hay diversos modelos posibles, el gobierno de la iglesia es tarea asignada a los pastores (obispos o presbíteros—ancianos), no a ningún grupo de presión dentro de la iglesia. Aunque este gobierno ha de regirse por principios bíblicos especialmente respetuosos con la libertad personal de los creyentes y no como un señorío, es ejercido por la autoridad legítima establecida y delegada por Dios. Hablar de caciques es hablar de liderazgo, de autoridad, pues el vocablo está tomado de las lenguas amerindias y en origen designa a los jefes de tribu. Pero en español se ha usado en determinados contextos históricos y en referencia a algún tipo de autoridad ilegítima y abusiva que pretende controlar a la autoridad legítima aprovechándose de una posición preponderante y privilegiada, imponiendo así sus criterios en su propio beneficio. En el Nuevo

---

[12] En griego, τῶν ἡγουμένων, *ton egumenon*.

Testamento tenemos un ejemplo claro de caciquismo en el personaje de Diótrefes, mencionado en la 3ª Carta de Juan, alguien a quien gustaba «tener el primer lugar» en la iglesia, que no aceptaba la autoridad del apóstol y que expulsaba de la iglesia a quienes no estaban de acuerdo con él. Casos como este también se dan en las iglesias de todos los tiempos, incluido el presente.

¿Cuántos pastores, esposas de pastor e hijos de pastor hay heridos por el maltrato y la falta de consideración hacia ellos por parte de las congregaciones que pastorean y presiden en el Señor? Se podrá preguntar también, en contrapartida, cuántas congregaciones, familias o creyentes individuales hay heridos por la actuación abusiva de sus pastores, pero ahora estamos hablando de la primera pregunta. Más tarde nos referiremos a la segunda, cuando entremos en la segunda parte de este libro.

El apóstol Pablo tuvo que defender su ministerio ante determinadas personas de la iglesia de Corinto que no reconocían su autoridad, "autoridad que el Señor me ha dado —decía él— para edificación, y no para destrucción" (2 Co 13:10). Ese tipo de oposición puede presentarse en nuestras iglesias, pues no todo el mundo estará de acuerdo con nosotros siempre, ni todo el mundo nos reconocerá en el desempeño de nuestro ministerio al que Dios nos ha llamado. Pablo se expresa con abundancia de palabras y argumentos en sus cartas acerca de este tipo de personas que se oponen. Esto forma parte de nuestro ministerio y no deberá perturbarnos ni detenernos en el normal funcionamiento de nuestro ministerio. Lo importante es estar en el centro de la voluntad de Dios obteniendo su beneplácito, pues a él servimos; él solo es el "Príncipe de los pastores" (1 P 5:4). Además, cuando nos enfrentamos a otros criterios u opiniones, no siempre estas nos son negativas o manifiestan una oposición contra nosotros. El contraste de opiniones, manifestadas con respeto y en orden, significa una oportunidad valiosa, pues puede ayudarnos a ver lo que no veíamos antes, enriqueciendo nuestra perspectiva y contribuyendo a la toma de decisiones con mayor eficacia.

Realización personal y ministerial

La expresión «realización» tiene mucha relevancia en estos tiempos donde tanto se habla de autoestima, autoayuda, éxito, etc. y pudiera sonar demasiado profana a algunos, pero no está mal que la consideremos en lo que tiene que ver con cada uno de nosotros a nivel personal y ministerial. El ser humano necesita entender que su vida tiene un propósito y, por tanto, estar satisfecho con el nivel de cumplimiento o realización de tal propósito. Cuando eso no ocurre viene la frustración y el sentimiento de fracaso. Me refiero a ese fracaso vital que significa no haber logrado en absoluto las ilusiones y los objetivos que uno se ha marcado en la vida y que se interpreta como la derrota final, sin más opción que la rendición resignada; porque hay otro tipo de fracasos ocasionales que, simplemente, significan un hito en la carrera hacia la victoria y el éxito, fracasos de los que uno aprende y se vuelve a levantar para intentarlo otra vez hasta lograr el fin deseado. Conocidos son los cientos de fracasos que Édison sufrió antes de lograr una bombilla que soportara la incandescencia sin desintegrarse y poder proporcionar así luz en medio de la oscuridad. Normalmente la gente busca superarse, subir de escalón en la vida; la mayor parte de los niños y adolescentes aspiran a ser algo, artistas, músicos, médicos, arquitectos, policías, militares o bomberos. Entre nuestros jóvenes cristianos también hay, gracias a Dios, quienes aspiran al ministerio, quienes desde pequeños se sienten llamados a servir al Señor como pastores o como misioneros. El llamamiento es imprescindible, pero después hay que andar el largo camino de la preparación para la tarea a la que Dios nos llama y, tras la debida preparación y la prueba requerida[13], cumplir con el ministerio. Ahí está la base para que el siervo o la sierva de Dios puedan sentirse realizados.

La realización en el pastorado no es alcanzar las metas y los objetivos que nuestra ambición personal nos haya marcado, sino el cumplimiento cabal del plan de Dios para nuestras vidas y ministerios. Es importante que prestemos atención a esto, porque precisamente el origen de la frustración de muchos pastores y siervos de Dios está en la no realización de los planes personales, al margen de los de Dios.

Un error común es compararnos con otros ministros, con otros pastores, siendo cada uno de nosotros singular y único para Dios. Hay muchos de ellos que son famosos por su éxito, por los miles de fieles y

[13] Pablo requiere de Timoteo que los «ministros», así como los obispos o supervisores, cumplan una serie de requisitos y que "también sean sometidos primero a prueba, y luego, si son irreprochables, podrán ejercer el ministerio" (1 Ti 3:10).

las numerosas iglesias que pastorean, y muchísimos más absolutamente desconocidos más allá de sus pequeñas áreas de influencia. Puede que sean desconocidos para los hombres y para nuestro mundo evangélico, pero no lo son para Dios. Recordemos la parábola de los talentos: no todos los siervos de aquel señor recibieron la misma cantidad para ser administrada y gestionar así un beneficio futuro; «a cada uno conforme a su capacidad», nos dice Mateo (Mt 25:15). Solo uno se frustró, el que recibió un solo talento. Es evidente que su amo no se equivocó al poner en sus manos la menor de las cantidades, aunque esta no era en ninguna manera pequeña[14]. Es evidente que aquel siervo no conocía a su señor; todas las ideas que tenía acerca de él eran torcidas y erróneas. ¿Podrá ocurrirnos lo mismo a nosotros? Sinceramente, creo que sí. Si en nuestras vidas y ministerios nos sentimos frustrados porque no somos como otros, ni tenemos el éxito de otros, algo debe de estar fallando en relación con la idea que tenemos de Dios y de su voluntad para con nosotros. Es muy interesante la metáfora sobre del cuerpo humano que utiliza Pablo para que entendamos esto cuando escribe a los corintios:

> El cuerpo no es un solo miembro, sino muchos. Si dijera el pie: «Como no soy mano, no soy del cuerpo» [frustración], ¿por eso no sería del cuerpo? Y si dijera la oreja: «Porque no soy ojo, no soy del cuerpo» [frustración], ¿por eso no sería del cuerpo? Si todo el cuerpo fuera ojo, ¿dónde estaría el oído? Si todo fuera oído, ¿dónde estaría el olfato? Pero ahora Dios ha colocado cada uno de los miembros en el cuerpo como él quiso, pues si todos fueran un solo miembro, ¿dónde estaría el cuerpo? Pero ahora son muchos los miembros, aunque el cuerpo es uno solo. (1 Co 12:14-20).

Dios es infinitamente más sabio que nosotros. Aunque este pasaje fue escrito pensando en la iglesia local, en una iglesia como la de Corinto o cualquier otra, podemos aplicarlo al tema que estamos tratando aquí. ¿Por qué mi ministerio no obtiene los mismos resultados que el de

---

[14] Un talento equivalía a 6.000 denarios, y un denario era el salario medio de un día de trabajo. Basta calcular.

cualquiera de estos otros pastores de éxito? ¿debo sentirme frustrado o fracasado? ¿debo volverme neurótico tratando por todos los medios de igualarlos, probando todos los métodos y estrategias disponibles, convirtiendo mi iglesia en un laboratorio para alcanzar los resultados que envidio en otros? ¿Medirá Dios mi vida y ministerio comparándola con la de ellos y con sus éxitos? Pablo escribe, "Pero a cada uno de nosotros fue dada la gracia conforme a *la medida* del don de Cristo" (Ef 4:7). Hemos de admitir humildemente que es así; Dios ha dado una gracia a unos y otra a otros. Él ha de saber por qué. No todos somos llamados a lo mismo y el Espíritu Santo trabaja en cada lugar según su sabiduría infinita. Pablo lo dice claramente cuando escribe "Pero nosotros no nos gloriaremos desmedidamente, sino conforme a la regla que Dios nos ha dado por medida, para llegar también hasta vosotros" (2 Co 10:13). Quizá nos haga falta aclarar el texto, liberándolo un poco del lenguaje religioso al que estamos acostumbrado para que lo entendamos mejor:

- Gloriarse aquí equivale a sentirse satisfecho por la labor llevada a cabo; es decir, sentirse realizado, que es el tema que estamos tratando en este apartado.
- Desmedidamente significa fuera de la medida de Dios y, por tanto, de su propósito para cada cual, lo cual es sobrepasarse y, por tanto, peligroso.
- La regla —en el original, *canon*, es decir la caña, regla de medir o patrón con el que se nos compara— la impone Dios para cada cual. Ese patrón determinará cual es nuestra medida que habremos alcanzado, ya sea que lleguemos o no o, incluso, que nos hayamos excedido.
- En el caso de Pablo, en esta ocasión, era haber llegado hasta los corintios, pues ese era el propósito y el plan de Dios.

Pablo añade: "No nos gloriamos desmedidamente [ἄμετρα, fuera de medida] en trabajos ajenos, sino que esperamos que conforme crezca vuestra fe seremos muy engrandecidos entre vosotros, conforme a nuestra regla [κανόνα]" (2 Co 10:15). ¿Tiene esto que ver con lo que estamos hablando? Creo que sí.

Dios no va a juzgar nuestro éxito o fracaso por lo que otros hayan hecho y nosotros no hayamos podido hacer o lograr. Lo hará conforme a la regla o medida que nos haya asignado según su propósito para nuestra vida y ministerio. Salirnos de ese propósito es salirnos de la medida, es lo «desmedido» a que Pablo se refiere. Eso es lo único que debería producir un sentimiento de frustración en nosotros.

¿A qué nos ha llamado el Espíritu Santo? ¿Qué ministerio nos ha encargado que cumplamos? ¿Qué medida de iglesia espera el Señor que alcancemos? ¿Ha de ser nuestra meta conseguir una megaiglesia? Nuestro objetivo ha de ser crecer nosotros y que crezca la obra de Dios, pero el tamaño o la estatura hasta donde habremos de crecer lo marca Dios y no nuestra ambición.

La Naturaleza, como nos dice Isaías refiriéndose al labrador, de quien dice que "Dios lo instruye y le enseña lo recto" (Is 28:26), es una buena maestra en lo concerniente a los procesos de crecimiento y cuidado de los árboles y las plantas, pues cada uno tiene el suyo propio. Hay árboles grandes y pequeños, según su especie, pues así los hizo el Creador (Gn 1:11), y no todos arraigan en todos los terrenos ni en todas las zonas del planeta. Los agricultores hacen bien en cultivar y cuidar las especies autóctonas, propias de cada país, aunque en ocasiones los trasplantes han sido provechosos, como por ejemplo la vid, arbusto nativo del Mediterráneo pero trasplantado con éxito a Australia, Sudáfrica y América. "¡También esto salió de Jehová de los ejércitos —concluye Isaías— para hacer maravilloso el consejo y engrandecer su sabiduría!" (v. 29). ¿Seremos capaces de sacarle provecho espiritual a lo que nos enseña la Naturaleza, la cual no es sino reflejo de la obra de Dios? ¿Si hemos sido capaces de asimilar que "el que siembra escasamente, también segará escasamente; y el que siembra generosamente, generosamente también segará", según 2 Corintios 9:6, no seremos capaces de aprender de todo esto? Las iglesias crecen y obtienen su madurez según el medio en el que están. No hay un modelo válido para todas por igual. Hay países en los que la proliferación de iglesias grandes, de miles de miembros, puede ser habitual y deseable. En otros, es posible que lo óptimo no sea eso, sino la proliferación de muchas pequeñas. Las propias circunstancias demográficas y urbanísticas ponen condicionantes que es necesario tener en cuenta sabiamente con vistas a una mayor productividad, si podemos utilizar esta palabra. Entendamos también que el crecimiento ilimitado no existe en la naturaleza, salvo para el cáncer, que acaba causando la muerte por invasión de los tejidos. Lo normal es crecer hasta la medida de la madurez y, a continuación, reproducirse en nuevos entes. Los árboles producen nuevos árboles alrededor; las plantas, nuevas plantas; y las personas, otras personas. La estatura de madurez de una iglesia, según su medida natural, debe producir nuevas iglesias.

Por tanto, hemos de ser hombres y mujeres de visión, pero visión en el ámbito espiritual es ver lo que Dios ha determinado para nosotros, su propósito y voluntad perfecta. Tener visión no es igual que ser un visionario, pues un visionario es un iluso, una persona falta de realidad que aspira a una utopía o a un imposible. Dios está comprometido con su voluntad y su propósito, no con nuestros deseos o ambiciones personales. No es lo que YO determine o proclame lo que Dios va a hacer, sino lo que ÉL ha determinado y proclamado. Fe no es creer obstinadamente lo que YO deseo, sino creer lo que DIOS ha revelado. Esto es fe, lo otro no es más que vana ilusión o fatua presunción.

Nuestra realización personal depende, pues, de que lleguemos a cumplir el propósito de Dios para nuestras vidas y ministerios, no del grado de satisfacción obtenido por haber alcanzado que nuestros sueños personales se hagan realidad. Soñemos, pero soñemos los sueños de Dios; trabajemos con denuedo por llevar a efecto sus planes y no los nuestros. He aquí la diferencia entre la realización y la frustración en nuestra vida de pastores. Como alguien ha dicho, "si quieres ver tus sueños cumplidos, comienza por despertar", o también, "donde abundan los sueños abundan también las vanidades y las muchas palabras", atribuido a Salomón (Ec 5:7). Nuestra mejor realidad está en la voluntad de Dios.

CAPÍTULO 8

¿Cómo nos ven los fieles?

Cada ser humano tiene una apariencia personal única, una imagen característica que le es propia: rostro, cuerpo, movimientos y ademanes, estilo de vida, etc. Esa imagen —tan importante en los actuales tiempos de publicidad y consumo— es lo que impresiona en primera instancia a los demás, influyendo en los juicios inmediatos que la gente se hace de quienes tienen enfrente. Si, además, la persona es conocida, reconocida o relevante por alguna razón, a su propia imagen física le acompaña su propia fama, sea esta buena o mala.

Julián Gutiérrez Conde, experto en negociaciones y en resolución de conflictos, nos habla de la *predisposición*, esa tendencia inicial que tenemos frente a las personas cuando nos enfrentamos a ellas en un trato relacional, cualquiera que sea este: "Los seres humanos no podemos aislarnos de la predisposición, favorable o contraria, ni tampoco de los prejuicios, pues ambos van interrelacionados, nos hacen igualmente proclives o reactivos a una relación y contaminan el resultado (…) La predisposición tiene un efecto mágico o demoledor sobre las tramas relacionales".[15]

Cuando Samuel va a la casa de Isaí para ungir al sucesor de Saúl, desechado ya por Dios por causa de su desobediencia, cuenta el primer libro de Samuel que "vio él a Eliab, y se dijo: «De cierto delante de

---

[15] *Liderazgo por Impulsión*, pp. 43 y 44.

Jehová está su ungido». Pero el Señor respondió a Samuel: No mires a *su parecer*, ni a lo grande de su estatura, porque yo lo desecho; porque el Señor no mira lo que mira el hombre, pues *el hombre mira lo que está delante de sus ojos*, pero Jehová mira el corazón. (1 Sm 16:6-7).

Es lo mismo que Pablo dice a los creyentes corintios: "Miráis las cosas según *la apariencia*" (1 Co 10:7). Es humano, pues hasta el mismísimo Samuel, uno de los mayores profetas del Antiguo Testamento, se dejó inicialmente seducir por lo que veían sus ojos. Es curioso que el texto del relato dice al final, cuando aparece David, que "era rubio, de hermosos ojos y de buen parecer" (v. 12), dándonos a entender que la apariencia cuenta, aunque no es prioritaria para Dios. Del mismo Saúl se dice que era "joven y hermoso. Entre los hijos de Israel no había otro más hermoso que él; de hombros arriba sobrepasaba a cualquiera del pueblo" (1 Sm 9:2). De alguna manera se pone en valor su apariencia personal.

Los políticos de hoy y la gente que tiene papeles relevantes en la sociedad, cuidan su imagen, y para ello contratan asesores de imagen, para aparecer ante su público de una determinada manera, la mayor parte de las veces artificiosa y, por tanto, falsa. Los partidarios de determinadas tendencias se visten y arreglan sus peinados y se tiñen el pelo para parecer más jóvenes de acuerdo a una imagen previa que trata de transmitir una actitud frente a la vida o una ideología determinadas. Basta ver a los *abertzales* o los antisistema, con sus ropajes desarrapados, sus *rastas*, sus coletas en los hombres o su corte de pelo «al hacha», en las féminas; o a algunos políticos que identifican su ideología con una vestimenta desarreglada, no ya informal, sino expresamente despreocupada e incluso impertinente, según los momentos y las situaciones, ajenos a todo protocolo o convención. Lo hacen con propósito, pues no tienen inconveniente en vestir un *smoking* para acudir a otros tipos de eventos de su interés cuando las circunstancias así lo exigen.

La imagen que transmitimos importa, aunque lo realmente valioso sea lo que somos en realidad, no lo que aparentamos.

Entonces, ¿cómo nos ven los demás y especialmente nuestros fieles, los miembros de las iglesias que pastoreamos? ¿Realmente importa esto?

Evidentemente, de cómo nos vean nuestros fieles dependerá el respeto y la consideración que nos tengan. Volviendo al texto de Hebreos

13:7, "*Acordaos* de vuestros pastores, que os hablaron la palabra de Dios; *considerad* cuál haya sido el resultado de su conducta e *imitad* su fe", los verbos "acordaos" y "considerad" e "imitad" nos hablan de una visión y un juicio consiguiente de nuestros pastores, a los que se nos exhorta a imitar y obedecer (v. 17); es decir, que habremos de tener una opinión acerca de ellos que nos lleve a actuar en consecuencia. Esa visión y juicio se fundamenta en su propia fe y en los resultados visibles que esa fe produce.

Cuando en el Libro de los Hechos se nos presenta la primera crisis desatada en la iglesia de Jerusalén, los apóstoles piden a los fieles que busquen de entre ellos "hombres de buen testimonio, llenos del Espíritu Santo y de sabiduría" a quienes poder encargar el trabajo de atender a las viudas que se sentían defraudadas (Hch 6:3). Si la iglesia pudo encontrar hombres así es porque de alguna manera era evidente que cubrían los requisitos. Aunque no estamos hablando aquí de pastores, su ejemplo nos es válido para nosotros igualmente.

Pablo, al inicio de su segundo viaje misionero, se lleva como colaborador a un joven de la iglesia de Listra de quien se dice que "daban buen testimonio de él los hermanos que estaban en Listra y en Iconio" (Hch 16:2). Ese joven se llamaba Timoteo, quien posteriormente sería pastor de la iglesia de Éfeso.

Nuestra carta de presentación es nuestro testimonio, y nuestro testimonio es todo aquello que nos respalda como personas, como creyentes y como siervos de Dios. Nuestro testimonio es un valioso tesoro que hemos de cuidar con esmero, es nuestro «crédito»; es decir, el nivel de fiabilidad que se nos otorga por parte de los demás. Pablo le marca a Timoteo una serie de requisitos para quien se han de levantar como pastor en la iglesia y, además de exigir que sea «irreprensible», es decir, que no se le pueda acusar con veracidad de nada reprobable, reclama que "tenga *buen testimonio* de los de afuera, para que no caiga en *descrédito* y en lazo del diablo" (1 Ti 3:7). Si caemos en el descrédito debido a un mal testimonio, ¿qué podemos esperar de nuestro ministerio? Sostener una situación así es una terrible trampa de Satanás que nos arruinará a nosotros como ministros y a la iglesia que pretendemos pastorear, a la que estaremos llevando al precipicio.

¿Nuestra apariencia —lo que se ve de nosotros— revela descuido, relajación, irresponsabilidad, desinterés por las personas y por las cosas de Dios? ¿Nos identificamos con solo una parte de la sociedad, haciendo alarde de alguna posición ideológica o política sectaria o partidaria? ¿Despreciamos abierta y públicamente a los pecadores por causa de sus vicios y pecados o, bien al contrario, nos mostramos misericordiosos y comprensivos, tendiéndoles la mano como lo hizo Jesús con la mujer adúltera y otros? Recordemos que "la misericordia prevalece sobre el juicio" (St 2:13). ¿Demostramos prepotencia, soberbia, autoritarismo, o acaso apatía, indolencia, pereza, desinterés, etc.? ¿Se nos ve humildes, afables, comprensivos, vulnerables y cercanos?

Hoy la moda se decanta por lo informal, el llamado estilo *casual*, y no lo veo mal, según cuándo, dónde y cómo; pero cuidado, que lo informal no degenere en informalidad, en falta de respeto, en chabacanería o cursilería. Lo adecuado es siempre saber adaptarse a la situación, al medio, al momento... No nos autodesprestigiemos simplemente por querer parecer modernos, más jóvenes de lo que somos o más dinámicos, o por pretender estar "en la cresta de la ola". Podemos llegar al patetismo. Seamos auténticos, pero respetuosos; no todo vale, no todo está bien; analicemos lo que dicen nuestras camisetas, nuestras proclamas, nuestros énfasis, nuestra presentación personal, si es aseada y correcta o, por el contrario, descuidada, negligente y hasta sucia, porque en muchas ocasiones ponen en entredicho lo básico del evangelio.

El apóstol Pablo escribe:

> Por lo cual, siendo libre de todos, me he hecho siervo de todos para ganar al mayor número. Me he hecho a los judíos como judío, para ganar a los judíos; a los que están sujetos a la Ley (aunque yo no esté sujeto a la Ley) como sujeto a la Ley, para ganar a los que están sujetos a la Ley; a los que están sin Ley, como si yo estuviera sin Ley (aunque yo no estoy sin ley de Dios, sino bajo la ley de Cristo), para ganar a los que están sin Ley. Me he hecho débil a los débiles, para ganar a los débiles; a todos me he hecho de todo, para que de todos modos salve a algunos. Y esto hago por causa del evangelio, para hacerme copartícipe de él. (1 Co 9:19–23).

Pablo no nos está diciendo que asume un papel artificioso, falso, fingido o ficticio, según las circunstancias, para engañar al público y poder así manipularlo a conveniencia. En ninguna manera. No dice «me disfrazo» de judío, o de gentil, de débil o de fuerte, para convencer a nadie. Lo que está diciendo es que «se hace»[16], asumiendo el papel como una realidad ontológica y poder sentir lo que siente la persona con la que se identifica. No como una ficción o mera apariencia. Su objetivo es claro: ganar al mayor número posible de personas para la causa del evangelio; un motivo que realmente merece la pena. Precisamente habla de quienes «se disfrazan de apóstoles de Cristo» o de «ministros de justicia» (2 Co 10:13,15), a los que tacha de «falsos apóstoles», de «obreros fraudulentos» e incluso de «ministros de Satanás».

El asunto no siempre es fácil, pues el mismo Pablo tenía en ocasiones que defender y hacer prevalecer la realidad de su ministerio y de su posición frente a quienes deberían tenerlo en consideración. Él mismo reproduce la opinión que algunos tenían de él a lo largo de los capítulos 10, 11 y 12 de su Segunda Carta a los Corintios usando cierta ironía:

> Yo, que cuando estoy presente ciertamente soy humilde entre
> vοσοτρος, pero que cuando estoy lejos soy atrevido con vοσοτρος
> (…) algunos que nos tienen como si anduviéramos según la car-
> ne (…) que no parezca como que os quiero amedrentar (…)
> algunos dicen que las cartas son duras y fuertes, pero que la pre-
> sencia corporal es débil y la palabra despreciable (…) como si
> estuviera loco (…) ¿Quién enferma y yo no enfermo? ¿A quién
> se le hace tropezar y yo no me indigno? (...) que nadie piense
> de mí más de lo que en mí ve u oye de mí. (2 Co 10:1,2,9,10;
> 11:17,29; 12:6).

La iglesia de Corinto era una iglesia especial, llena de problemas, desequilibrios y conflictos; pero las respuestas que Pablo como pastor aporta a esos conflictos y problemas nos proporcionan gran parte de nuestra teología pastoral y nuestra eclesiología de hoy.

---

[16] Gr, ἐγενόμην, *egenomen*; hacerse o llegar a ser.

CAPÍTULO 9

¿Cómo nos vemos a nosotros mismos?

Todo el mundo tiene una opinión de sí mismo, buena o mala. Uno se ve guapo o feo, alto o bajo; se considera buena o mala persona —normalmente lo primero— listo, inteligente o torpe, sabio o ignorante. Solemos pensar que tenemos la razón, que hacemos lo correcto, que son los otros quienes se equivocan, nos defraudan y nos ofenden. Pero... ¿cuál es la realidad? Además, ¿aceptamos esa realidad o nos engañamos a nosotros mismos negándola, falseándola e intentando crear otra que nos satisfaga más? Este es el vivir cotidiano de la humanidad entera.

Pablo dice, refiriéndose a todos los creyentes: "Digo, pues, por la gracia que me es dada, a cada cual que está entre vosotros, que no tenga más alto concepto de sí que el que debe tener, sino que piense de sí con cordura, conforme a la medida de la fe que Dios repartió a cada uno" (Ro 12:3).

¿Cuál es, pues, el concepto que tengo de mí mismo como pastor? Quizá habrá que considerar primero, ¿qué concepto tengo de mí mismo como creyente? Incluso, ¿qué pienso de mí mismo como persona? ¿Creo que soy más, o que soy menos de lo que realmente soy? ¿Es mi evaluación de mí mismo cabal, ajustada a cordura?

La respuesta que demos a cada una de estas preguntas determinará el desempeño de nuestra misión y del propósito de nuestra vida y ministerio. Hemos de pensar con cordura, cabalmente; humildemente, pero sin falsa modestia la cual en realidad es orgullo. Pablo, tras referirse a la opinión que los demás han de tener sobre nosotros declara: "¡Ni aun yo mismo me juzgo! Aunque de nada tengo mala conciencia, no por eso soy justificado; pero el que me juzga es el Señor" (1 Co 4:3-4). Nuestra opinión sobre nosotros mismos ha de ser equilibrada, reconociendo que "para estas cosas ¿quién es suficiente?" (2 Co 2:26) y que es la gracia de Dios la que nos permite ser algo para su gloria.

El concepto que tenemos de nosotros mismos puede ser sobrevalorado, más allá de la realidad, lo cual implicaría orgullo de nuestra parte; puede también que nos infravaloremos, lo que querría decir que nos sentimos acomplejados; o puede ser realista, equilibrado y cabal, lo que nos situaría en el lado de la cordura. Pero todo es el resultado natural de un proceso al que todos estamos sometidos. Solo hace falta que, como en todos los procesos, sigamos su curso natural de desarrollo hacia la madurez.

Me voy a permitir utilizar un texto de Hebreos, puede que descontextualizado, pero que es útil porque tiene un sentido general que nos es vale aquí:

Acerca de esto tenemos mucho que decir, pero es difícil de explicar (...) todo aquel que participa de la leche es inexperto en la palabra de justicia, porque es niño. El alimento sólido es para los que han alcanzado madurez, para los que por el uso tienen los sentidos ejercitados en el discernimiento del bien y del mal (...) vamos adelante a la perfección (...) esto haremos, si Dios en verdad lo permite. (He 5:11; 13-14; 6:1,3).

El texto se refiere a los creyentes en general, a su falta de madurez espiritual y al proceso de crecimiento. ¿Nos equivocamos si decimos que nosotros como ministros del Señor también hemos de alcanzar una madurez ministerial y que ésta se adquiere con el tiempo, tras ejercitar nuestras capacidades ministeriales, y nuestro discernimiento de lo erróneo y lo correcto, etc.? Ahora cuento con más de cuarenta años de ministerio y reconozco haber cometido muchos errores y haberme encontrado perdido en muchas situaciones sin saber cómo actuar. Fui ordenado como pastor con veintitrés años tras salir del servicio militar, entonces obligatorio en España. Los misioneros pusieron una congregación en mis manos cuando aún era muy joven, y más joven aún mi esposa. ¿Se equivocaron? Eso es algo que tendrá que decir el Señor en su momento, pero lo cierto es que la iglesia creció y se desarrolló, así como nuestro ministerio. Nos equivocamos en determinadas situaciones, como volvimos a hacerlo más tarde, pero nuestra actitud era buena para con Dios y para con su obra; íbamos aprendiendo a medida que avanzábamos. Como dice Machado, el gran poeta de la Generación del 27, "se hace camino al andar". Hoy, mirando hacia atrás, reconozco que hay cosas que no haríamos, y no las hacemos más. Éramos jóvenes, muy jóvenes, y veíamos las cosas de una manera muy limitada. Hoy nuestra visión es más amplia, más madura, más certera, aunque sigamos siendo falibles, vulnerables y humanos. La experiencia, cuando se aprende de ella, nos aporta esa madurez en el ministerio, como en cualquier otra faceta de la vida.

Recuerdo que, en cierta manera, me sentía acomplejado por mi juventud y la de mi esposa frente a la madurez, la experiencia y el respeto que todos le tenían a los misioneros, los hermanos José Antonio y Carmen Aldapa. No podía ser de otra manera, pues ellos eran unos gigantes en la fe y nosotros unos enanos; pero me ayudaba pensar en uno de los proverbios de Salomón: "Aun el muchacho es conocido por sus hechos, si su conducta es limpia y recta" (Pr 20:11). Cuando acudía a reuniones de pastores, todos más mayores y con más experiencia que yo, me sentía apabullado, pero este texto me hacía sobreponerme y cobrar ánimo, a la vez que me hacía recordar las palabras de Pablo a Timoteo, "ninguno tenga en poco tu juventud (…) sino sé ejemplo (…) en palabra, conducta, amor, espíritu, fe y pureza" (1 Ti 4:11-12). El crédito y el prestigio en el ministerio se los elabora uno a base de fidelidad y perseverancia, año tras año, sin decaer, con el respaldo del Señor. También he tenido siempre presente las palabras sabias de Salomón: "Las moscas muertas hacen heder y corrompen el perfume del perfumista; así es una pequeña locura al que es estimado como sabio y honorable" (Ec 10:1), que nos pone sobre aviso sobre las torpezas que a veces se cometen en la vida, especialmente las de carácter moral; esas "zorras pequeñas" que arruinan las viñas si las dejamos correr libremente por nuestros campos. No hay juez más implacable que uno mismo, si tiene la conciencia viva y sana, pues podemos ocultar nuestras faltas a los ojos de los demás, pero cada uno de nosotros conoce sus propias interioridades y lo que somos en realidad, más allá de la apariencia que mostramos.

Así que, al comienzo de nuestro ministerio es muy posible que nos sintamos acobardados, intimidados por nuestra juventud. Puede que hasta pongamos nuestra juventud e inexperiencia como excusa para no acudir al llamado o asumir la responsabilidad que nos corresponde, tal como hizo Jeremías al ser llamado por Dios, según él mismo nos cuenta:

> Vino, pues, palabra de Jehová a mí, diciendo: «Antes que te formara en el vientre, te conocí, y antes que nacieras, te santifiqué, te di por profeta a las naciones». Yo dije: «¡Ah, ah, Señor Jehová! ¡Yo no sé hablar, porque *soy un muchacho*!». Me dijo Jehová: «No digas: "Soy un muchacho", porque a todo lo que te envíe irás, y dirás todo lo que te mande. No temas delante de ellos, porque contigo estoy para librarte, dice Jehová». Extendió Jehová su mano y tocó mi boca, y me dijo Jehová: «He puesto mis palabras en tu boca. Mira que te he puesto en este día sobre naciones y sobre reinos, para arrancar y destruir, para arruinar y derribar, para edificar y plantar». (Jr 1:5-10).

¿Qué cosas nos decimos a nosotros mismos o le decimos a Dios para contrarrestar su voluntad y su llamamiento? Ciertamente, muchas de esas cosas que pensamos y decimos son verdaderas falacias, mentiras que creemos y que alimentan nuestras dudas y nuestra falta de fe. No hay como un llamamiento claro y evidente para hacer frente a esas dudas y a esa falta de fe. Si sabemos con claridad a qué nos ha llamado el Señor y qué espera de nosotros, tendremos una imagen clara y cabal de nosotros mismos. Esa imagen nos es necesaria; forma parte de nuestra visión. Por el contrario, una visión turbia o desdibujada de la voluntad de Dios nos hará sentir inseguros, dubitativos y, por tanto, incapaces para ejercer la fe necesaria para llevar a cabo nuestra misión. Seguramente tendremos dudas al principio, pero Dios siempre combate las dudas en sus hijos mediante la revelación, la cual nos es dada por medio de su palabra y la iluminación del Espíritu Santo. Por eso es tan importante estar llenos del Espíritu Santo y no de otros estimulantes.

Moisés no era joven cuando fue llamado, pero su fracaso de hacía cuarenta años atrás, debido a un error de apreciación de sí mismo y de los tiempos, aún condicionaba su concepto de sí mismo. Cuando el tiempo de Dios se cumple y llega el momento oportuno, Dios lo llama a la edad de ochenta años. Su llamamiento es rotundo y claro: "Ven, por tanto, ahora, —le dice Dios— y te enviaré al faraón para que saques de Egipto a mi pueblo, a los hijos de Israel" (Éx 3:10). Lo que sigue en el texto pone en evidencia que Moisés no está preparado ni mental ni emocionalmente para aceptar de primeras el plan divino. "Quién soy yo... —arguye— ¿qué les responderé?... ellos no me creerán, ni oirán mi voz". Incluso después de las señales que Dios le asegura que hará como prueba de lo genuino de su llamamiento y misión, sigue argumentando para declinar la solicitud: "¡Ay, Señor! nunca he sido hombre de fácil palabra, ni antes ni desde que tú hablas con tu siervo, porque soy tardo en el habla y torpe de lengua (…) ¡Ay, Señor! envía, te ruego, a cualquier otra persona" (Éx 4:10,13). Moisés había aprendido a ser humilde, pero aquí hay mucho más que humildad: hay un estado de ánimo y una visión de sí mismo que no se correspondían con la realidad. Es un sentimiento de inferioridad.

Lo leemos en la Primera Carta de Pablo a los Corintios:

> Considerad, pues, hermanos, vuestra vocación y ved que no hay muchos sabios según la carne, ni muchos poderosos, ni muchos nobles; sino que lo necio del mundo escogió Dios para avergonzar a los sabios; y lo débil del mundo escogió Dios para avergonzar a lo fuerte; y lo vil del mundo y lo menospreciado escogió Dios, y lo que no es, para deshacer lo que es, a fin de que nadie se jacte en su presencia. (1 Co 1:26-29).

¿Quiere esto decir que nuestra visión de nosotros mismos ha de ser pobre y miserable, que ser humilde es considerarse inservible e inútil? Así es como se veía Moisés y como puede que nos veamos nosotros, pero el texto de Pablo a los romanos nos dice que no hemos de tener "más alto concepto de nosotros que *el que debemos tener*", lo cual implica por un lado que no nos sobrevaloremos, pero por otro lado que no nos minusvaloremos tampoco, sino que pensemos de nosotros «con cordura», con equilibrio y ponderación. Ahí está lo difícil.

Para una valoración equilibrada de sí mismo es imprescindible tener una idea clara de la voluntad de Dios y su propósito para con cada cual; esa es la medida que ha de calibrarnos cabalmente.

"Acerquémonos, pues, con corazón sincero, en plena certidumbre de fe, purificados los corazones de mala conciencia y lavados los cuerpos con agua pura. Mantengamos firme, sin fluctuar, la profesión de nuestra esperanza" (He 10:22-23).

Tenemos que ser sinceros para con nosotros mismos. Faltar a esa sinceridad es autoengañarnos, que es lo más estúpido que los seres humanos podemos hacer. Necesitamos igualmente vivir por fe, una fe cierta y poderosa, la misma que es ponderada en el capítulo 11 de la Carta a los Hebreos que hemos citado. Si cargamos con una mala conciencia, nuestra imagen de nosotros mismos estará maleada, por eso necesitamos librarnos de ella, lo que solo se consigue, en el caso de que la tengamos, mediante un proceso de purificación, de catarsis espiritual que puede ser doloroso y largo, pero absolutamente imprescindible. La «profesión de nuestra esperanza» es precisamente nuestro testimonio, la expresión de lo que somos y esperamos. Hemos de mantenerla a toda costa, «sin fluctuar». ¿Sabemos lo que es fluctuar? Es ir de acá para allá buscando la clave de nuestro ministerio porque no tenemos claro cuál es; ahora intentar una cosa y mañana otra, hacer de nuestras vidas, de nuestros ministerios y de nuestras iglesias un taller de laboratorio donde ensayamos fórmulas y recetas sin éxito, porque estamos desorientados y perdidos, porque no sabemos exactamente lo que Dios espera de nosotros. Puede que sepamos bien «lo que nosotros queremos», a lo cual llamamos «nuestra visión»; pero ¿conocemos cuál es el plan de Dios, su visión personalizada para cada uno de nosotros? Esa y no la otra es la que nos llevará al éxito en nuestra misión única e intransferible.

En su carta a los Romanos, Pablo habla de la «conciencia débil» de algunos (1 Co 8:12), refiriéndose a una inseguridad acerca de cosas que están o no permitidas o que son o no convenientes en cuanto a usos y costumbres. La inseguridad es una muestra clara de falta de estima personal propia. ¿nos sentimos inseguros en el ejercicio de nuestro ministerio personal, pensando quizá que no lo hacemos bien o no sabiendo cómo actuar? Podemos equivocarnos, ciertamente, pero no podemos ser líderes inseguros, que no se atreven a tomar decisiones, porque entonces transmitimos a nuestra congregación esa inseguridad, logrando un efecto multiplicador muy perjudicial. Si tenemos dudas, es bueno recurrir al consejo sabio, al asesoramiento adecuado y asumir la responsabilidad de decidir con la ayuda de Dios. Para eso están la oración y la búsqueda de Dios.

También habla Pablo al inicio de esta misma carta del «testimonio de su conciencia», a modo de autoevaluación (autoestima) de su propio comportamiento, diciendo: "que con sencillez y sinceridad de Dios (no con sabiduría humana, sino con la gracia de Dios), nos hemos conducido en el mundo, y mucho más con vosotros" (2 Co 1:12). Tiene la conciencia tranquila, no se siente descalificado por su autoevaluación, aunque previamente ha reconocido "¡Ni aun yo mismo me juzgo! Aunque de nada tengo mala conciencia, no por eso soy justificado; pero el que me juzga es el Señor" (1 Co 4:3-4).

Reconoce que él mismo sirve a Dios con «limpia conciencia» (2 Ti 1:3). Se lo dice a su discípulo Timoteo, a quien ya antes le había reco mendado lo siguiente: "Que, conforme a las profecías que se hicieron antes en cuanto a ti, milites por ellas la buena milicia, manteniendo la fe y buena conciencia. Por desecharla, algunos naufragaron en cuanto a la fe" (1 Ti 1:18-19). Mala conciencia, limpia conciencia, buena conciencia... También el autor anónimo de Hebreos escribe: "Confiamos en que tenemos buena conciencia, ya que deseamos conducirnos bien en todo" (He 13:18).

La conciencia es la percepción que uno tiene de sí mismo, de su propio proceder ante la vida. Esa percepción lleva aparejada una valoración moral y general de sí mismo, de acuerdo con las palabras de Pablo en su Epístola a los Romanos a la que ya nos hemos referido pero que es importantísimo mantener delante de nuestros ojos: "que [cada cual] no tenga más alto concepto de sí que el que debe tener, sino que piense de sí con cordura, conforme a la medida de fe que Dios repartió a cada uno" (Ro 12:3).

Una correcta, sobria y equilibrada opinión de sí mismo es imprescindible para un ministerio pastoral equilibrado, eficaz y eficiente. La mala conciencia, una autoestima baja y acomplejada, o con sentimientos de culpabilidad sin resolver, lleva al fracaso, como le recordaba Pablo a Timoteo. Por el contrario, una buena conciencia, una autopercepción cabal de sí mismo, hace que funcionemos con normalidad, aun a sabiendas de que nuestras actitudes y nuestros actos tendrán que pasar finalmente por el examen y la aprobación divinos, pues Dios es quien, en última instancia, evaluará de manera perfecta y justa nuestra vida y ministerio. Si tenemos problemas en este sentido, haremos bien en buscar la ayuda divina mediante el arrepentimiento y la búsqueda del perdón y el poder de Dios, antes que rendirnos derrotados y dejarnos resbalar por el tobogán de la ruina ministerial y personal.

CAPÍTULO 10

¿Cómo nos ve Dios?

Eliseo solía comenzar sus alocuciones con una frase muy significativa: "¡Vive Jehová de los ejércitos, en cuya presencia estoy!". (2 Re 3:14). Era mucho más que una frase de presentación, como tantas frases hechas que solemos usar: mostraba una convicción profunda, una realidad vivida día a día, siendo consciente de servir a un Dios vivo y de que los ojos de ese Dios estaban puestos sobre él en todo momento. ¿Somos nosotros igualmente conscientes de esta realidad? ¿A quién servimos, a Dios o a los hombres? ¿Quién demandará cuenta de nosotros, la junta de diáconos, el consejo de iglesia, la congregación, la denominación o el mismo Dios? Sin despreciar a ninguno de los anteriores ni al respeto que se les debe, la respuesta es clara: responderemos ante Dios, sin duda alguna, por mucho que debamos ser responsables en su justa medida ante aquellos a quienes servimos.

El autor de la Carta a los Hebreos, al demandar obediencia y sujeción hacia los pastores, dice: "Ellos velan por vuestras almas como quienes han de dar cuenta" (He 13:17), y el apóstol Pablo, dirigiéndose a los gálatas, proclama: "¿Acaso busco ahora la aprobación de los hombres o la de Dios? ¿O trato de agradar a los hombres? Si todavía agradara a los hombres, no sería siervo de Cristo" (Gl 1:10).

Pero de dar cuentas hablaremos en su momento. Como siervos y siervas de Dios nos importa cómo nos ven los demás; importa también el concepto que tenemos de nosotros mismos; pero, sobre todas las cosas, nos importa cómo nos ve Dios. Nuestros semejantes pueden tener ideas diversas acerca de nosotros, buenas o malas, y hemos hablado de la importancia de mantener un buen testimonio; pero al final quien nos juzga —y lo hace justamente— es Dios, quien nos llamó, quién determinó un propósito para cada uno de nosotros, y quien nos medirá con su regla de medir que, como hemos dicho anteriormente, es su propósito para con nosotros y no otra cosa. La medida de otros no será la nuestra ni se nos exigirá como a ellos. Pablo se lo explica muy bien a sus hijos espirituales, los corintios:

> Conforme a la gracia de Dios que me ha sido dada, yo, como perito arquitecto, puse el fundamento, y otro edifica encima; pero cada uno mire cómo sobreedifica. Nadie puede poner otro fundamento que el que está puesto, el cual es Jesucristo. Si alguien edifica sobre este fundamento con oro, plata y piedras preciosas, o con madera, heno y hojarasca, la obra de cada uno se hará manifiesta, porque el día la pondrá al descubierto, pues por el fuego será revelada. La obra de cada uno, sea la que sea, el fuego la probará. Si permanece la obra de alguno que sobreedificó, él recibirá recompensa. Si la obra de alguno se quema, él sufrirá pérdida, si bien él mismo será salvo, aunque así como por fuego. (1 Co 3:10-15).

¿Somos conscientes de lo que hacemos, de cómo nos conducimos en el desarrollo de nuestro ministerio? ¿Estamos seguros de que estamos haciendo aquello para lo que el Señor nos llamó? No se nos juzgará por lo que hacemos, sino por lo que deberíamos haber hecho, si lo hicimos cumplidamente o no lo hicimos. Hemos de edificar con «oro, plata y piedras preciosas», materiales nobles, que representan lo mejor para Dios; no con «madera, heno y hojarasca», que son materiales perecederos y efímeros y, por tanto, de poco valor y representan la obra humana y baldía. Nuestros ministerios solo pueden ofrecerle a Dios aquellos materiales que le son dignos, no aquellos que al final acaban en fuegos de artificio y en humo. ¡Cuánto ministerio fundamentado en lo humano vemos hoy en día! Sin duda, siempre lo ha habido, pero hablamos del presente, que es lo que nos afecta y nos incumbe. La inexorable luz del día lo pone todo al descubierto. Trabajamos, no para el hoy y el ahora, sino para la eternidad; y el fuego de la vida, de la prueba, de la realidad cotidiana, de las dificultades e incluso la persecución, ponen a prueba nuestra obra. No nos dejemos llevar por lo fácil, por lo inmediato, lo aparente. Dios valora las realidades obtenidas por medio de la fe esforzada, del trabajo dirigido por su Espíritu Santo, de la perseverancia y la obediencia, de acuerdo con su voluntad perfecta.

Las declaraciones del apóstol Pablo siguen aportándonos claridad en todo esto: "Si anuncio el evangelio, —nos dice— no tengo por qué gloriarme, porque me es impuesta necesidad; y ¡ay de mí si no anunciara el evangelio! Por eso, si lo hago de buena voluntad, recompensa tendré; pero si de mala voluntad, la comisión me ha sido encomendada" (1 Co 9:16-17). El propósito de Dios para nuestra vida es una misión ineludible: podemos aceptarlo, vivirlo y disfrutarlo con gozo, ayudados de su gracia y de su poder. Pero también podemos ser renuentes al llamado, lentos en nuestra respuesta, esquivos, como lo fue Jonás, que intentó eludir la orden divina de ir a predicar el arrepentimiento a Nínive. Prefirió embarcarse para la Costa del Sol en España, la Tarsis o Tartessos de entonces, aunque se truncó su viaje y tuvo que ir a donde Dios le había enviado o perecer en el vientre de un gran pez.

Podemos ser rebeldes al llamamiento o, mejor, optar por la obediencia. La primera de las opciones significará sin lugar a dudas nuestra ruina. Si elegimos la segunda opción, la de obedecer al llamamiento divino, el resultado será el éxito espiritual en nuestra labor, el gozo de formar parte de los planes de Dios —todo un privilegio— y Dios será glorificado.

En las Escrituras se trasluce, a veces de manera muy sutil, la opinión divina acerca de aquellos con los que Dios trataba de trabajar para la consecución de sus planes. Digo de forma sutil, porque algunas de estas opiniones nos son dadas a través del autor que escribe pero que, sin duda reflejan una realidad refrendada por el Espíritu Santo., inspirador e iluminador de las Escrituras

Por ejemplo, a Abraham se le llama «amigo de Dios» (Is 41:8; St 1:23). En el texto de Isaías es Dios mismo hablando quien se refiere a Abraham como su amigo. ¡Qué gran privilegio! En la actualidad Dios nos ve como sus hijos, que tampoco es poca cosa; porque como dice Pablo, "si hijos, también herederos; herederos de Dios y coherederos con Cristo" (Ro 8:17). Pero es evidente que el estatuto de hijo no es exactamente igual al de amigo; porque siendo hijos compartimos su naturaleza, pero dependiendo de nuestro grado de madurez estaremos o no a la altura para disfrutar plenamente de los privilegios del hijo, o quizá solo parcialmente, como nos lo señala la Carta a los Gálatas: "Entre tanto que el heredero es niño, en nada difiere del esclavo, aunque es señor de todo, sino que está bajo tutores y administradores hasta el tiempo señalado por el padre" (Gl 4:1-2). Esta es una referencia socio-cultural que usa Pablo en su argumentación para defender ante los judaizantes el evangelio de gracia frente a la Ley, y que aquí nos sirve igualmente a nosotros para entender lo que estamos diciendo. El amigo es casi un igual, aunque la distancia entre Abraham, un ser humano, y Dios sea abismal. Pero es Dios quien concede a Abraham esa condición. Como hijos podemos ser inmaduros, semejantes al hijo pródigo o a su hermano, hijos rebeldes, renegados, etc. También, por supuesto podemos ser hijos obedientes, hijos que honran a su padre, etc.

Jesús también llamará amigos a sus discípulos más selectos, aquellos a los que llamó «apóstoles» y que envió al mundo a dar testimonio de lo que habían visto y vivido con él. En la intimidad de su última cena con ellos, Jesús les dice: "Ya no os llamaré siervos, porque el siervo no sabe lo que hace su señor; pero os he llamado amigos, porque todas las cosas que oí de mi Padre os las he dado a conocer" (Jn 15:15). Ser amigo es ser íntimo; intimar con Dios, Padre, Hijo y Espíritu Santo, es conocer su corazón. "Las cosas secretas pertenecen a Jehová, nuestro Dios, pero las reveladas son para nosotros…", dijo Moisés (Dt 29:29).

De este Moisés dice el texto bíblico que "era un hombre muy manso, más que todos los hombres que había sobre la tierra" (Nm 12:3). Esto lo dice el escritor del Libro de los Números, pero, como texto inspirado, reproduce sin duda el pensamiento de Dios. Este comentario se hace con ocasión de la murmuración y conato de insurrección contra Moisés por parte de sus hermanos, Aarón y María. De la lectura del pasaje se infiere que Moisés no reaccionó con rigor contra ellos, debido precisamente a su mansedumbre, y es el mismo Dios quien actúa juzgando severamente el atrevimiento de ambos. ¿Cómo reaccionaríamos nosotros en una situación parecida? A lo largo de mi vida ministerial, sobre todo desempeñando funciones nacionales, he visto conflictos congregacionales de muy diverso carácter, y no siempre las reacciones de parte de los pastores han sido las adecuadas, saliendo a relucir en demasiadas ocasiones la vena autoritaria que no consigue sino echarlo todo a perder.

También tenemos en las Escrituras testimonios de casos negativos, como el de los hijos del sacerdote Eli, cuyas vidas eran ejemplo de inmoralidad en medio del pueblo de Israel. Todo el mundo era conocedor de sus desmanes sacrílegos. En algún momento de sus vidas, su padre, enterado de sus abusos, los reprendió. En realidad, tendrían que haber sido directamente destituidos a la vez que reprendidos, pero no fue así. Lo que dice el texto es suficientemente elocuente acerca de la opinión de Dios acerca de ellos: "Pero ellos no oyeron la voz de su padre, porque Jehová había resuelto hacerlos morir" (1 Sm 2:25).

Igualmente negativo es el caso de Judas. No olvidemos que fue uno de los escogidos por Jesús, considerado de pleno «uno de los doce» (Mt 26:14), como estos mismos reconocen estando en el aposento alto a la espera del derramamiento del Espíritu Santo: "Era contado con nosotros y tenía parte en este ministerio" (Hch 1:17).

No es que Jesús se equivocara al escogerlo, sabedor de lo que ocurriría más tarde y del papel que más tarde le correspondería en la ejecución del plan de Dios. Aparece en el relato evangélico con la siguiente mención: "Judas Iscariote, el que también lo entregó" (Mt 10:4); y hay constancia de que su traición fue premeditada y no producto de un impulso ocasional y oportunista (Mr 14:11). También se dice de él que era ladrón (Jn 12:6). Lucas lo llama directamente «traidor» (Lc 6:16). Las palabras de Jesús en el momento de ser apresado, "Judas, ¿con un beso entregas al Hijo del hombre?" (Lc 22:48) son un reproche evidente. La opinión de Jesús sobre Judas, registradas por Juan, no deja lugar a dudas: "¿No os he escogido yo a vosotros los doce, y uno de vosotros es diablo?", pues como el escritor del cuarto evangelio explica, "Hablaba de Judas Iscariote hijo de Simón, porque él era el que lo iba a entregar, y era uno de los doce" (Jn 6:70-71).

Triste personaje el de Judas, paradigma universal del traidor. Su fin fue trágico y desgraciado, como todos sabemos. Con todo, Jesús le dio oportunidades para el arrepentimiento, pero él no supo hallarlo. Hoy en día hay quien lo considera una víctima de Dios, por haber sido elemento necesario de los planes divinos, pero tal idea proviene de un concepto interesadamente equivocado de Dios, ignorando que él es benigno y misericordioso y que no niega a nadie el perdón si hay arrepentimiento; pero en el caso de Judas no lo hubo; al menos el arrepentimiento verdadero, que implica la confianza en la capacidad divina para perdonar y restaurar. El relato de Mateo dice que "entonces Judas, el que lo había entregado, viendo que era condenado, devolvió arrepentido las treinta piezas de plata a los principales sacerdotes y a los ancianos, diciendo: «Yo he pecado entregando sangre inocente». Pero ellos dijeron: «¿Qué nos importa a nosotros? ¡Allá tú!» Entonces, arrojando las piezas de plata en el Templo, salió, y fue y se ahorcó" (Mt 27:3-5). Pedro también negó a su Maestro y, en cierta forma, también lo traicionó; pero la sola mirada de Jesús produjo en él un arrepentimiento genuino de efecto restaurador, como vemos más adelante. Todos podemos cometer errores, incluso errores graves o muy graves, pero es la actitud del alma la que marca la diferencia. En la Escritura, que expresa el pensamiento de Dios, Judas permanece como lo que fue, como «el traidor que entregó a Jesús por treinta monedas». Pedro aparece como aquel apóstol, hombre apasionado y voluntarioso, que fue capaz de rectificar y vencer sus miedos gracias al poder del Espíritu Santo.

Estos casos, el de los hijos de Elí o el de Judas, son casos extremos, desde luego, pero muestran cómo, ante determinadas actitudes de sus siervos, el juicio de Dios puede tener consecuencias drásticas. Ojalá que esto nunca suceda con ninguno de nosotros, pero hemos de entender que con Dios no podemos jugar. «El Señor juzgará a su pueblo». —dice la Escritura— ¡Horrenda cosa es caer en manos del Dios vivo!" (He 10:30-31; Ro 14:10).

Pablo escribe: "Es necesario que todos nosotros comparezcamos ante el tribunal de Cristo" (2 Co 5:10). Allí se verá el resultado final de nuestra carrera. Sus palabras dirigidas a la iglesia de Corinto acerca de la responsabilidad personal de cada cual, que hemos citado al comienzo de este capítulo, son una llamada de atención para cada uno de nosotros, seamos feligreses, ministros o pastores:

Creo que es importante tener una idea clara de la opinión que Dios tiene de nosotros. Hemos de estar al tanto de si Dios se agrada de nosotros o no. El capítulo once de la Carta a los Hebreos nos ofrece una lista de personas que sirvieron a Dios en el pasado y son recordados por su fe. De Abel se dice que "alcanzó testimonio de que era justo";

Enoc "tuvo testimonio de haber agradado a Dios". Siguen después, Abraham, Sara, Moisés y muchos otros, de los que se dice que "alcanzaron buen testimonio mediante la fe" (He 11:39). Ese testimonio es la opinión de Dios sobre ellos y, por extensión, sobre nosotros, que deseamos ser contados, cuando llegue el día, en aquella multitud de la que nos habla el Apocalipsis de Juan: «Estos son los que han salido de la gran tribulación; han lavado sus ropas y las han blanqueado en la sangre del Cordero. Por eso están delante del trono de Dios y lo sirven día y noche en su templo. El que está sentado sobre el trono extenderá su tienda junto a ellos". (Ap 7:13-15).

II PARTE
Pastor

"Os daré pastores según mi corazón,
que os apacienten con conocimiento y con inteligencia"
Jeremías 3:15

"Apacentad la grey de Dios que está entre vosotros,
cuidando de ella, no por fuerza, sino voluntariamente;
no por ganancia deshonesta, sino con ánimo pronto;
no como teniendo señorío sobre los que están a vuestro cuidado,
sino siendo ejemplos de la grey.
Y cuando aparezca el Príncipe de los pastores,
vosotros recibiréis la corona incorruptible de gloria"
1 Pedro 5:2–4

En su introducción al libro *Portraits of a Pastor* (Retratos de un Pastor), escrito por varios autores, el editor, Jason K. Allen nos muestra en forma un tanto irónica lo que la gente suele esperar de su pastor. Basa sus notas en la experiencia y el estudio de los requisitos que muchas congregaciones en los EE.UU. ponen sobre el papel a la hora de buscar pastor cuando el puesto está vacante. Aunque puedan parecer requisitos exagerados expresan bastante bien la realidad, no solo en los EE.UU. sino también en muchas otras partes del planeta, incluida Europa.

- Que predique solo veinte minutos, pero exponga a fondo la Palabra.
- Que condene el pecado, pero nunca hiera los sentimientos de nadie.
- Que trabaje de ocho de la mañana a diez de la noche, haciendo todo tipo de trabajos, desde la predicación en el púlpito hasta la labor de limpieza.
- Que gane cien euros a la semana, use buena ropa, compre regularmente buenos libros, tenga una familia agradable, conduzca un buen coche y ofrende a la iglesia cincuenta euros semanales.
- Que también esté dispuesto para dar para cualquier buena causa.
- Que su familia sea un modelo perfecto en comportamiento, vestimenta y actitud.
- Que tenga veintiséis años y haya estado predicando durante treinta años.
- Que sea alto, bajo, delgado, fuerte y guapo, tenga un ojo castaño y otro azul, y se peine con la raya en medio, el lado izquierdo oscuro y liso, el lado derecho rubio y ondulado.
- Que tenga un gran deseo de trabajar con adolescentes y pasar todo su tiempo con las personas mayores.
- Que sonría siempre con cara seria, teniendo un sentido del humor que lo mantenga seriamente dedicado a su trabajo.
- Que llame a los miembros de la iglesia quince veces al día, dedique todo su tiempo a evangelizar a los no creyentes y nunca salga de la oficina.[17]

---

[17] *Portraits of a Pastor,* p. 8 (traducción propia)

Suena ridículo, pero en ocasiones se parece a la realidad.

Antes de dar paso a los capítulos escritos por los diferentes autores, Jason K. Allen se pregunta: "Pero, ¿qué ha de ser un pastor? ¿qué tiene que hacer un pastor? Para responder a esto hemos de mirar a las Escrituras"[18] . Es lo que vamos hacer aquí, tal como hemos hecho en los capítulos anteriores, fijándonos especialmente en las palabras del apóstol Pablo, reflejo evidente de su propia experiencia misionera y pastoral.

Entre las tareas básicas a desarrollar por el pastor, podemos señalar a modo indicativo las siguientes:

1. Liderar la iglesia (liturgia, kerigma, didáctica, koinonia, diakonia)
2. Orar y predicar
3. Enseñar
4. Administrar los sacramentos
5. Formar equipo de trabajo
6. Aconsejar
7. Visitar a los enfermos y necesitados
8. Administrar y organizar la marcha de la iglesia
9. Promover ministerios
10. Extender la obra de Dios más allá de los límites locales

Hay muchas maneras de pastorear, ciertamente, y cada cual habrá de desarrollar su propia personalidad como pastor; pero lo que no podemos dejar de hacer es pastorear según los principios bíblicos, impulsados por las motivaciones correctas y con el único fin de bendecir a quienes pastoreamos para la gloria de Dios y no para la consecución de nuestros propios intereses y nuestra promoción o engrandecimiento personal.

El Salmo 78 concluye con las siguientes palabras: "Eligió a David su siervo y lo tomó de los rebaños de ovejas; de detrás de las paridas lo trajo, para que apacentara a Jacob su pueblo, a Israel su heredad. Y los apacentó conforme a la integridad de su corazón; los pastoreó con la pericia de sus manos" (vv. 70-72). Integridad de corazón y pericia en el

---

[18] *Portraits...* p. 9.

oficio; capacidades que nos son necesarias para que seamos ese tipo de pastores que Dios desea y espera que seamos.

¡Que Dios nos ayude! Si somos fieles y nos mantenemos humildes, lo hará.

CAPÍTULO 11

Llamamiento

El ministerio pastoral es un asunto vocacional, pero en este caso la vocación no es algo que nazca de dentro de uno mismo, de una mera inclinación o deseo personal, sino que proviene de Dios; es un llamamiento divino. El apóstol Pablo, quien continuamente nos sirve de referencia en este libro, se identifica en sus cartas como "Pablo, *siervo*[19] de Jesucristo, *llamado*[20] a ser apóstol, *apartado*[21] para el evangelio de Dios" (Ro 1:1).

Primero se identifica como siervo de Jesucristo —esclavo, en el original— como todo cristiano lo es tras haberse rendido a Cristo, pues a él servimos y por ahí es por donde comienza la vida cristiana y el ministerio, la *diakonía*, hoy mayormente identificada con la labor social, pero que hace referencia de manera genérica al ministerio cristiano. En segundo lugar, Pablo se reconoce llamado (*kletos*); es decir, interpelado por Dios para acudir ante él a fin de recibir un encargo divino, una misión: en su caso la de ser apóstol; específicamente, apóstol para alcanzar a los gentiles y abrirles las puertas del reino de Dios. Cuando ante Agripa y Berenice da su testimonio, cuenta su encuentro con Jesús con las siguientes palabras:

---

[19] Gr. δοῦλος, *dulos.*

[20] Gr. κλητὸς, *kletos.*

[21] Gr. ἀφωρισμένος, *aforismenos.*

Yo soy Jesús, a quien tú persigues. Pero levántate y ponte sobre tus pies, porque para esto he aparecido a ti, para ponerte por ministro y testigo de las cosas que has visto y de aquellas en que me apareceré a ti, librándote de tu pueblo y de los gentiles, a quienes ahora te envío para que abras sus ojos, para que se conviertan de las tinieblas a la luz y de la potestad de Satanás a Dios; para que reciban, por la fe que es en mí, perdón de pecados y herencia entre los santificados. (Hch 26:15-18).

El Señor lo detuvo en su camino, cuando se dirigía a Damasco "respirando aún amenazas y muerte contra los discípulos del Señor" (Hch 9:1). Fue un encuentro radical y contundente. Sus propósitos estaban inspirados por un fanatismo religioso sin límite, siendo el odio su propio «aire» que respiraba. Pero Dios tenía planes para él. Dios llama, pero llama para algo, para alcanzar un fin, un propósito concreto y definido. Su llamamiento nunca es nebuloso e impreciso. Los «para que» del texto muestran esos objetivos divinos en cuanto a Pablo. En primer lugar, se le aparece para ponerlo como servidor[22] y testigo[23] suyo. Ese es el primero de sus propósitos; pero después es más específico, pues su llamamiento tiene por fin anunciar el evangelio a los gentiles. Así lo reconoce el mismo apóstol cundo escribe a los gálatas: "Agradó a Dios, que me apartó desde el vientre de mi madre y me llamó por su gracia, revelar a su Hijo en mí, para que yo lo predicara entre los gentiles (Gl 1:15-16), y un poco más adelante, refiriéndose a los apóstoles en Jerusalén dice, "vieron que me había sido encomendado el evangelio de la incircuncisión, como a Pedro el de la circuncisión (pues el que actuó en Pedro para el apostolado de la circuncisión actuó también en mí para con los gentiles), y reconociendo la gracia que me había sido dada" (Gl 2:7-9).

El llamamiento divino implica la gracia divina: si Dios llama, Dios capacita, dotando a sus siervos y enviados de cuanto necesitan para el cumplimiento de su misión. El mayor y más potente equipamiento que podemos recibir es el bautismo del Espíritu Santo y su plenitud renovada día a día sobre nosotros. Jesús prometió a sus discípulos:

---

[22] Gr. ὑπηρέτην, *hypereten.*

[23] Gr. μάρτυρα, *mártyra.*

"*Recibiréis* poder cuando haya venido sobre vosotros el Espíritu Santo, y me *seréis* testigos en Jerusalén, en toda Judea, en Samaria y hasta lo último de la tierra" (Hch 1:8). Antes que *ser*, hay que *recibir*. Nadie puede ser pastor sin recibir el llamamiento al ministerio pastoral y la gracia divina —su poder, sus dones y capacidades— para serlo. Es inútil empeñarse en ello sin ser llamado y sin ser capacitado por Dios. El único resultado de un tal empeño será la frustración propia y la de aquellos a quienes tratemos de «pastorear» sin ser pastores, lo cual es un craso error.

En demasiadas ocasiones, el asunto del llamamiento al ministerio pastoral, como a cualquier otro, es tomado a la ligera. Se da por supuesto que si alguien siente el deseo de ser pastor ya esto prueba el llamamiento; pero la realidad es otra bien distinta. Es cierto que Pablo escribe "si alguno anhela obispado [o pastorado], buena obra desea" (1 Ti 3:1), pero a continuación expone los requisitos; por cierto, bastante elevados y estrictos. ¿Quiere esto decir que basta con ponerse a rellenar esos requisitos para ser automáticamente capacitado para ser pastor? No exactamente, porque solo si Dios nos ha llamado a ser algo determinado podremos desempeñar tal función eficiente y dignamente. Las palabras de Pablo ponen el foco de atención sobre el hecho de que Dios reclama un nivel espiritual y humano para el desempeño de determinadas funciones en el cuerpo de Cristo. Él es el diseñador, como bien ponen de manifiesto textos como:

> De la manera que en un cuerpo tenemos muchos miembros, pero no todos los miembros tienen la misma función, así nosotros, siendo muchos, somos un cuerpo en Cristo, y todos miembros los unos de los otros. Tenemos, pues, diferentes dones, según la gracia que nos es dada: el que tiene el don de profecía, úselo conforme a la medida de la fe; el de servicio, en servir; el que enseña, en la enseñanza; el que exhorta, en la exhortación; el que reparte, con generosidad; el que preside, con solicitud; el que hace misericordia, con alegría. (Ro 12:4-8).

> Todas estas cosas las hace uno y el mismo Espíritu, repartiendo a cada uno en particular como él quiere. (1 Co 12:11).

Y él mismo constituyó a unos, apóstoles; a otros, profetas; a otros, evangelistas; a otros, pastores y maestros, a fin de perfeccionar a los santos para la obra del ministerio, para la edificación del cuerpo de Cristo, hasta que todos lleguemos a la unidad de la fe y del conocimiento del Hijo de Dios, al hombre perfecto, a la medida de la estatura de la plenitud de Cristo. Así ya no seremos niños fluctuantes, llevados por doquiera de todo viento de doctrina, por estratagema de hombres que para engañar emplean con astucia las artimañas del error; sino que, siguiendo la verdad en amor, crezcamos en todo en aquel que es la cabeza, esto es, Cristo, de quien todo el cuerpo, bien concertado y unido entre sí por todas las coyunturas que se ayudan mutuamente, según la actividad propia de cada miembro, recibe su crecimiento para ir edificándose en amor. (Ef 4:11-16).

Son textos fundamentales para una comprensión correcta de lo que es el ministerio del cuerpo de Cristo, en el que existen unos dones del Espíritu, los dones espirituales, repartidos a todos los creyentes, y unos dones de Cristo, que son los ministerios principales que presiden su iglesia y que recaen sobre algunas personas, hombres y mujeres, llamados a tal fin específicamente por Dios. No todos ejercen los mismos dones, ni todos tienen el mismo ministerio. Cada cual recibe de Dios una gracia específica manifestada en capacidades sobrenaturales concretas, sea en forma de dones espirituales a liberar en la congregación o en forma de ministerios de autoridad y gobierno.

Saberse llamado por Dios al ministerio pastoral es la única garantía para perseverar en tan difícil y sacrificada tarea. Pablo se sabía llamado y apartado, es decir, «puesto» y «establecido» por Dios. Eso es un nombramiento divino, y cuando Dios da una palabra, el poder de Dios se desencadena y obra de inmediato: «¡sea la luz!», y la luz fue; «¡Lázaro, sal fuera!», y Lázaro resucitó. Si Dios te «nombra», eres. Pero si Dios no te «nombra», serás otra cosa diferente; serás aquello a lo que Dios te llama, lo que Dios quiere que seas, aquello para lo que Dios te ha «nombrado». Pablo declara: "Por la gracia de Dios soy lo que soy" (1 Co 15:10).

¿Qué soy yo? ¿A qué me ha llamado el Señor? ¿Cuál es la gracia que Dios ha derramado sobre mí? Descubrirlo fehacientemente es fundamental para la vida del cristiano. En mi caso soy consciente de que Dios me llamó a ser pastor y es lo que he sido por más de cuatro décadas, con su ayuda, sin duda. También he ejercido cargos diversos, pero eso ya es otra cosa, pues los cargos son secundarios. Como pastor he dirigido congregaciones que han crecido y se han reproducido creando otras obras; he enseñado, he aconsejado, he tenido que disciplinar, restaurar, reír y llorar con la gente, sufrir menosprecios, críticas —unas fundadas y otras no—, he sido cuestionado y también apoyado. En fin, todo aquello que vive y a lo que se dedica un pastor. No yo solo, sino con mi esposa y con mis hijos y, por supuesto, con los compañeros de ministerio que Dios ha ido levantando o añadiendo a mi lado. La mayoría de ellos han sido una bendición; otros, alguno que otro, un motivo de quebranto, como algunos de los que tuvo Pablo. Todo forma parte de lo normal, lo propio del ministerio pastoral. Pero, como añade Pablo, "no yo, sino la gracia de Dios que está conmigo" (1 Co 15:10). Es al Señor a quien pertenece todo el crédito.

Soy igualmente consciente de que la mayoría de quienes ejercen el pastorado han sido llamados por Dios. De vez en cuando hay algún intruso, que puede incluso ser bien intencionado, pero estos no duran mucho, porque no soportan las presiones propias de este ministerio tan especial. Anhelan los supuestos honores, la posición u otras cosas inconfesables o simplemente se han equivocado de vocación, pero no soportan la carga del ministerio pastoral y por tanto abandonan cuando las cosas van mal o cuando se sienten cansados y no soportan la presión. No me referiré a los falsos pastores, que también los hay y sobre los que las Escrituras nos alertan, o los que Jesús llama «asalariados», a quienes no importan las ovejas; porque lo que trato con este libro no es denunciar o contrarrestar a estos últimos, sino dar ánimos, edificar la confianza de los pastores que realmente han sido llamados y que a veces se sienten sin ánimo ni fuerzas para continuar. Quizá también hacer reflexionar a alguno que ande perdido en su propia ruta personal hacia el propósito de Dios para su vida siguiendo un camino equivocado.

Entiendo que muchos, aun sabiéndose llamados, se enfrentan a situaciones de desánimo y sienten la tentación de «tirar la toalla», como tantas veces expresamos valiéndonos del lenguaje pugilístico. Es humano, pues como hasta aquí hemos estado expresando, los pastores somos personas humanas normales y corrientes, sujetos a las mismas debilidades que los demás. Hay pastores que caen, que se desmoronan, que arruinan sus ministerios, habiendo sido genuina y legítimamente llamados, pero insisto en que la convicción clara del propio llamamiento es vital para la victoria en estas circunstancias.

En muchas ocasiones, sobre todo cuando la oposición viene de dentro, uno abandona porque duda de su ministerio. Es un asunto de fe, y para ejercer fe necesitamos revelación, palabra de Dios que nos sirva de base y apoyo. ¿A quién vamos a creer? ¿a quienes niegan nuestro ministerio? ¿a nuestras propias sensaciones y emociones, condicionadas por las circunstancias adversas? El salmo que inspiró a Lutero su himno más representativo, *Castillo Fuerte es Nuestro Dios,* nos dice:

Dios es nuestro amparo y fortaleza, nuestro pronto auxilio en las tribulaciones.

Por tanto, no temeremos, aunque la tierra sea removida

y se traspasen los montes al corazón del mar;

aunque bramen y se turben sus aguas, y tiemblen los montes a causa de su braveza.

Del río sus corrientes alegran la ciudad de Dios, el santuario de las moradas del Altísimo.

Dios está en medio de ella; no será conmovida. Dios la ayudará al clarear la mañana.

Bramaron las naciones, titubearon los reinos; dio él su voz y se derritió la tierra.

¡Jehová de los ejércitos está con nosotros! ¡Nuestro refugio es el Dios de Jacob! (Sal 46:1-7).

Es un salmo que no podemos olvidar cuantos servimos a Dios en el ministerio y que hemos de apropiarnos y vivirlo por fe día a día. ¿A dónde o a quién, si no, podríamos acudir en los momentos difíciles, cuando parece faltarnos el suelo que nos sostiene, cuando lo vemos todo negro y nos sentimos hundidos, a quién sino a nuestro Señor?

La descripción que hace Lucas de la situación que vivieron Pablo y sus compañeros de viaje, entre los que él mismo se cuenta, es sumamente angustiosa: "Pero siendo combatidos por una furiosa tempestad, al siguiente día empezaron a deshacerse de la carga, y al tercer día con nuestras propias manos arrojamos los aparejos de la nave. Al no aparecer ni sol ni estrellas por muchos días, y acosados por una tempestad no pequeña, ya habíamos perdido toda esperanza de salvarnos" (Hch 27:18-20).

¿Acaso es así como quizás te sientes hoy, o como te has sentido en alguna ocasión? ¿combatido por alguna tormenta de las que se dan en la vida, en la que te has tenido que desprender con tus propias manos de lo que te era vital y necesario, sin ver salida a la situación, acosado por todos lados y habiendo perdido toda esperanza? Es en determinadas situaciones límites como esta cuando Dios se revela para ofrecernos seguridad y salida al problema. Siempre nos preguntamos por qué se tarda tanto, por qué tiene que esperar hasta el último momento, cuando ya tenemos los nervios al borde del colapso y estamos a punto de desmoronarnos. Dios nos dice por boca del profeta Isaías: "Porque mis pensamientos no son vuestros pensamientos ni vuestros caminos mis caminos, dice Jehová. Como son más altos los cielos que la tierra, así son mis caminos más altos que vuestros caminos y mis pensamientos más que vuestros pensamientos" (Is 55:8-9). Todos conocemos estos textos y muchos más, pero cuando estamos en la prueba, cuando enfrentamos la oposición, el acoso y derribo, o las carencias de todo tipo, todo tiembla a nuestro alrededor y muchas veces también en nuestro interior.

Sabernos llamados por Dios al ministerio pastoral es fundamental para perseverar en el ministerio sin doblegarnos ante las presiones que este comporta, sin amargarnos y sin decaer.

CAPÍTULO 12

Preparación

En esta vida todo requiere de una preparación y la preparación de las cosas se lleva a efecto mediante procesos, es decir, a través de fases de trabajo y formación, de práctica y ensayo, de una secuencia en el tiempo que va aportando crecimiento y desarrollo hasta llegar a un estado de realización o de madurez.

Cuando Dios crea el universo lo hace por fases o etapas, que el libro de Génesis llama «días». Los primeros dos versículos dan cuenta de la creación global o bruta: "En el principio, creó Dios los cielos y la tierra; y la tierra estaba desordenada y vacía". A partir de ahí comienza un proceso de organización cuyo punto de referencia es la tierra. Cuando las condiciones de vida son las adecuadas, Dios introduce la vegetación, básica para el mantenimiento de una atmósfera habitable, y los animales de todo tipo: acuáticos, aéreos y terrestres. Por último, cuando todo está preparado, crea al ser humano, hombre y mujer, y los sitúa en un espacio de condiciones óptimas, el Edén. El proceso de la creación ha sido completado: ahora comienza otro nuevo proceso, el de la relación entre Dios y el ser humano, iniciado en inocencia y concluido en culpabilidad y ruptura. Vuelve a iniciarse otro proceso, el de la reconciliación y la restauración, en el que todavía estamos. Dentro de este último proceso global, se desarrollan multitud de otros procesos: llamamiento de Abram, nacimiento de un pueblo, Israel, preparación de las condiciones para la aparición del Mesías, la iglesia, etc. Son procesos históricos de especial trascendencia en los planes de Dios. Todos ellos han sido convenientemente concebidos, planificados, desarrollados y llevados a buen fin.

En cuanto al ministerio, también hay un proceso de preparación y capacitación, imprescindible para que el llamamiento divino no se frustre y tenga éxito. Como hemos visto anteriormente, Pablo reconocía ser lo que Dios determinó que fuera y que el llamamiento divino no había sido fallido. Pero Pablo también hace memoria de los tiempos de formación por los que había pasado. En primer lugar, su formación rabínica: "Soy judío, nacido en Tarso de Cilicia (…) instruido a los pies de Gamaliel, estrictamente conforme a la Ley de nuestros padres" (Hch 22:3). Al principio de su carta dirigida a los gálatas habla de distintas etapas de tiempo durante las cuales su ministerio no parece haber estado activo en cuanto al llamamiento específico que Dios le había hecho. Es Bernabé quien va a buscarlo a Tarso (Hch 11:25), y es ahí cuando comienza, podemos decir que oficialmente, ese ministerio, en la ciudad de Antioquía y con la naciente iglesia gentil de esa localidad. De allí partiría enviado por la iglesia para su primer viaje misionero junto con Bernabé. Durante todo ese tiempo Dios había estado preparándolo para la misión que se le iba a encomendar.

En el Antiguo Testamento, todos los hombres de Dios pasaron por periodos de preparación antes de acometer la tarea que Dios tenía planeada para cada uno de ellos. Moisés fue instruido en la ciencia de los egipcios por cuarenta años; en Egipto aprendió a gobernar un pueblo. Durante cuarenta años en el desierto, cuidando de ovejas que no eran suyas y recorriendo tierras inhóspitas aprendió a pastorear y a sobrevivir en medio de la aridez del desierto, en condiciones adversas; además de la sujeción, la humildad y la paciencia. Josué, su sucesor, vivió la escuela del servicio a las órdenes de Moisés. David, después de ser ungido como rey de Israel tuvo que esperar siete años antes de que el plan de Dios comenzara a cumplirse, y esto bajo las órdenes de un rey que le tenía celos y que llegó a perseguirlo para matarlo. Todos los hombres y mujeres de Dios hemos de pasar por algún tiempo de preparación para la tarea que se nos encomendará en cada momento. Como el plan de Dios es progresivo, pasaremos por etapas que serán como escalones en nuestro proceso de preparación para cada objetivo parcial en sus propósitos.

Todo eso lo sabemos bien. El problema es que nos cuesta aceptar el ritmo de Dios. A veces, muchas veces, es lento o nos parece lento a nosotros. Deseamos entonces acelerarlo y corremos adelantándonos a su paso, cometiendo errores en ocasiones irreparables. En otros casos, Dios aprieta el paso y los acontecimientos se nos echan encima y nos abruman, siendo nuestra voluntad ir más despacio, cuando la urgencia divina requiere movimiento y acción rápida.

¿Cómo se sincronizan, pues, los tiempos de Dios con los nuestros? Esa es la gran cuestión. Todos y cada uno de quienes servimos a Dios tenemos que aprender a caminar a su paso, según su dirección, a caminar y a detenernos según él se mueva o se detenga. ¿Cómo se hace tal cosa? Aprendiendo a discernir los tiempos de Dios, su *kairós*, como aquellos doscientos soldados de David de la tribu de Isacar, que eran "entendidos en los tiempos, y que sabían lo que Israel debía hacer" (1 Cr 12:32). A ellos seguían todos, porque eran estrategas, hombres de visión y discernimiento, capaces de reconocer el momento y la oportunidad de cada movimiento y acción. Para llegar a ser eficientes en esto hace falta tiempo de aprendizaje y de práctica, adquiriendo experiencia con Dios, ejercitando la fe, creciendo en ella, «de fe en fe» (Ro 1:17).

La preparación implica la adquisición de determinadas competencias en las áreas del conocimiento, de las actitudes y de la espiritualidad, de la disposición anímica y de las relaciones humanas. Se trata de alcanzar una madurez en todas las áreas de la vida para poder ser útiles en la obra de Dios. Esa madurez significa el desarrollo del carácter de siervo, más allá de las capacidades cognoscitivas o académicas. Podemos «saber» mucho, pero no cómo emplear el conocimiento, o cómo desarrollar las actitudes de aplicación necesarias para poder ejercer «la verdad en amor». Es decir, hace falta la «sabiduría de lo alto».

Si nos fijamos en los requisitos que Pablo expresa en sus cartas a Timoteo y Tito vemos que la preparación ha de ser exigente y amplia:

1. **En cuanto a la moral:** "Irreprochable, marido de una sola mujer, sobrio, prudente, decoroso" (Timoteo); "irreprochable" (Tito). La integridad moral, la honestidad, es un requisito imprescindible de todo ministro del evangelio, sea este hombre o mujer,

joven o entrado en edad. ¿Cómo podemos exigir un comportamiento ético a nuestros fieles si nuestra vida no es íntegra y honesta? ¿Cómo podemos permitirnos juzgar a los de afuera si nosotros mismos no somos irreprensibles? Pablo, al inicio de su carta a los romanos, escribe: "Tú, pues, que enseñas a otro, ¿no te enseñas a ti mismo? Tú que predicas que no se ha de robar, ¿robas? Tú que dices que no se ha de adulterar, ¿adulteras? Tú que abominas de los ídolos, ¿cometes sacrilegio? Tú que te jactas de la Ley, ¿con infracción de la Ley deshonras a Dios?" (Ro 2:21-23). Se dirige a los judíos, pero el texto tiene valor universal y nos es aplicable a nosotros hoy. Los que así actúan obran con hipocresía. La doble moral es una enfermedad bastante extendida entre quienes pretenden ser referentes públicos, sean estos dirigentes religiosos, políticos, empresariales, etc. Un ministro del evangelio ha de ser íntegro, viviendo en privado lo que proclama en público. Hemos de tener cuidado y no ser indulgentes con nosotros mismos, pues como nos recuerda «el Predicador», "las moscas muertas hacen heder y corrompen el perfume del perfumista; así es una pequeña locura al que es estimado como sabio y honorable" (Ec 10:1).

2. **En cuanto a las finanzas:** "Que no sea codicioso de ganancias deshonestas (…) no avaro". Un requisito muy oportuno, cuando hay tantos que hacen del evangelio un negocio pingüe y se predica un «evangelio de prosperidad» que más parece fomentar la codicia y la avaricia de los creyentes que su dependencia de Dios y su solidaridad para con los necesitados, a los que se llega a juzgar y despreciar por su «falta de fe». La preparación al ministerio en el terreno financiero incluye la lección del contentamiento y de la dependencia de Dios, tal como proclama el apóstol Pablo cuando escribe: "he aprendido a contentarme, cualquiera que sea mi situación. Sé vivir humildemente y sé tener abundancia; en todo y por todo estoy enseñado, así para estar saciado como para tener hambre, así para tener abundancia como para padecer necesidad. Todo lo puedo en Cristo que me fortalece" (Flp 4:11-13). Es cierto que el evangelio acarrea prosperidad al creyente, pero esa prosperidad no se mide en la cantidad de bienes materiales ni en el lujo, muchas veces indecente, que algunos

muestran con alarde y ostentación. Pablo sabía que a veces las circunstancias eran o serían adversas, y estaba preparado para enfrentarse a ellas. También sabía estar en holgura, siendo solidario con los que tienen menos, pues como explica a los corintios, que "con igualdad, la abundancia vuestra supla la escasez de ellos, para que también la abundancia de ellos supla la necesidad vuestra, para que haya igualdad, como está escrito: «El que recogió mucho no tuvo más y el que poco, no tuvo menos»" (2 Co 8:14-15). El manejo y gestión del dinero para los cristianos está regido por la generosidad, no por la Ley, y tiene en cuenta a los demás y sus necesidades, no solo los intereses personales de cada uno.

3. **En cuanto a las relaciones:** "Hospedador (Timoteo y Tito) (…) [que no sea] amigo de peleas (…) sino amable, apacible" (Timoteo); "no soberbio, no iracundo" (Tito). Hospedador aquí quiere decir abierto a las personas extrañas, no necesariamente que esté obligado a acoger a la gente en su casa, aunque en la antigüedad ese tipo de hospitalidad era muy valorada y necesaria, existiendo normas de respeto y conducta muy estrictas al respecto. Es interesante notar lo que dice la *Didajé* respecto a los profetas itinerantes, aunque pueda parecernos una posición un poco extrema: "Todo apóstol que llegue a vosotros, ha de ser recibido como el Señor. Pero no se quedará por más de un día o dos, si hace falta; quedándose tres días, es un falso profeta" (XI,4).[24] En la actualidad hay muchas maneras de acoger a los hermanos y a las personas necesitadas, no siempre metiéndolos en casa, lo que en ocasiones puede conllevar situaciones bastante problemáticas e indeseadas, puesto que ya no rigen los principios que en la antigüedad eran sagrados y los abusos se han extendido en gran medida. Lo importante es que los que nos dedicamos al ministerio sepamos acoger con dignidad, respeto, amor y discernimiento a quienes se nos acercan, a la vez que mantenemos un buen nivel de prudencia y unos criterios claros sobre ética ministerial. Bueno es obtener información sobre quienes nos llegan diciendo ser tal o cual cosa. Las cartas de recomendación

---

[24] http://hjg.com.ar/blog/xtras/didache.pdf

son bíblicas y útiles en el trasiego de miembros de unas iglesias a otras, así como las recomendaciones a la hora de recibir personas o ministerios desconocidos, pues muchos de ellos simplemente buscan recorrer mundo a bajo coste u otros fines particulares que nada tienen que ver con una contribución ministerial sana y provechosa. Sé lo que es recibir visitas enriquecedoras, que han bendecido a la iglesia, y también visitas tóxicas, que solo han traído con ellas complicaciones y dolores de cabeza. Algunos ministerios, supuestamente importantes, se me han invitado solos, dándonos después plantón, con un culto empezado, una iglesia esperándoles, sin que aparecieran y sin dar explicación alguna. De todo se aprende.

El ministerio pastoral se basa por naturaleza en relaciones humanas, la relación entre pastor y feligrés, la existente entre los distintos ministerios de la propia iglesia o con otros ministros. Puesto que somos llamados a predicar a todos los colectivos humanos, también nos relacionamos con personas de todo tipo que nada tienen que ver con la congregación. Los pastores no podemos ser iracundos, dados a pleitos y disputas, o a controversias y enfrentamientos. Todas estas cosas se pueden dar y se dan en las iglesias, pues, aunque cristianos, seguimos siendo humanos, y muchos se dejan llevar por sus pasiones, por el egoísmo o el interés propio. Los pastores hemos de ser apacibles, templados —que nos sabemos controlar ante este tipo de manifestaciones— y hacedores de paz en nuestras iglesias. La paz y la sabiduría de Dios nos son necesarias para mantener un buen nivel de relaciones en nuestras iglesias: todos no simpatizarán con nosotros, pero la gracia de Dios nos ayudará a saber lidiar con los retos del ministerio y del servicio a los demás.

4. **En cuanto a la temperancia:** "sobrio (…) que no sea dado al vino ni amigo de peleas" (Timoteo); "no dado al vino, no amigo de contiendas" (Tito). Parece evidente que el exceso en la bebida es causa de pleitos y peleas. Todos somos conscientes de los problemas que causan a su alrededor quienes beben más de la cuenta: el conflicto permanente con quienes les rodean, sean familiares, compañeros de trabajo, vecinos… Una persona que tiene este problema no puede estar en el ministerio. La

sobriedad es una de las grandes virtudes cristianas, y no solo tiene que ver con la bebida, sino que es la virtud del autocontrol y de la mesura en todo: en el comer y el beber, en las emociones, en las reacciones frente a lo inesperado o a lo inadecuado. Es la negación del exceso, del radicalismo y el extremismo, de cuanto rompe el equilibrio y el control.

5. **En cuanto al ministerio:** "apto para enseñar[25] (…) que gobierne bien…" (Timoteo); "administrador —mayordomo[26]— de Dios (…) que también pueda exhortar con sana enseñanza y convencer a los que contradicen" (Tito). El ministerio por definición es servicio, pero el ministerio pastoral implica de manera especial la capacidad didáctica, la habilidad de enseñar y de exhortar; por eso la mayoría de los exégetas entiende que cuando en la Carta a los Efesios se citan los cinco ministerios, el de pastor y el de maestro van juntos, siendo inseparables en la práctica. Hay diversos tipos de predicadores: buenos para la evangelización, exhortadores, motivadores, instructores, etc. así como hay diversos tipos de mensajes. Algunos se especializan en algún tipo de sermón, en un único tema que promueven y explotan casi en exclusiva. En cierta medida un pastor debería, aun teniendo un perfil propio determinado, abarcar los distintos tipos de predicación; pero lo que no puede hacer es olvidar la parte de enseñanza necesaria para la correcta alimentación del rebaño de Dios y que abarca toda la enseñanza bíblica que conduce a la madurez cristiana. En la Gran Comisión Jesús envía a sus discípulos a «hacer discípulos», es decir, gente a la que instruir y enseñar «todas las cosas» que él previamente les había enseñado a ellos. Pablo declara ante los ancianos de Éfeso: "No he rehuido anunciaros todo el consejo de Dios" (Hch 20:27).

La labor pastoral implica también «el gobierno» de la iglesia, lo que abarca una administración y gestión eficaz de todos los recursos disponibles, tanto materiales como humanos. La gestión eficiente de las finanzas, su administración responsable, así como el liderazgo y la dirección de equipos humanos debería de

---

[25] Gr. διδακτικόν, *didakticón.*

[26] Gr. οἰκονόμον, *oikonomon.*

formar parte de las asignaturas de los seminarios que se ocupan en preparar a quienes desean servir al Señor en el ministerio. Y puesto que vivimos en un mundo regido por leyes y normas complejas, una capacitación jurídica mínima también debería de ser parte de la preparación para el ministerio.

6. **En relación con la familia:** "marido de una sola mujer (Timoteo y Tito) (…) que gobierne bien su casa, que tenga a sus hijos en sujeción con toda honestidad, pues el que no sabe gobernar su propia casa, ¿cómo cuidará de la iglesia de Dios?" (Timoteo); "que tenga hijos creyentes que no estén acusados de disolución ni de rebeldía" (Tito). No abundaré en este apartado porque ya hemos tratado el tema familiar en la primera parte de este libro, solo resaltar que los pastores hemos de mantener relaciones familiares sanas y una ética irreprochable en cuanto nuestra sexualidad y la fidelidad en el matrimonio.

7. **En cuanto a la experiencia:** "Que no sea un *neófito*, no sea que envaneciéndose caiga en la condenación del diablo". Forzosamente, al comenzar en el ministerio pastoral, uno es un pastor novato, carente de experiencia en este terreno, aunque muchos hayan adquirido alguna ejerciendo de copastores o ayudantes de pastor en alguna medida, quizás habiendo asumido alguna responsabilidad pastoral menor, ocupándose de algún punto de misión o similar. Lo que aquí se quiere decir es que no sea un creyente recién convertido o con poca experiencia de conversión, pues, al no haber desarrollado una madurez espiritual suficiente, es fácil que se uno se «envanezca», o se «infle» —significado literal— llenándose de orgullo, que es el arma más eficaz y mortífera del diablo. La experiencia en el ministerio se adquiere con el tiempo, y cometer errores forma parte de cualquier proceso de crecimiento y de formación. Todos los hemos cometidos y los que se inician en el ministerio pastoral también los cometerán; lo importante es aprender de esos errores y acumular así experiencia válida para las situaciones venideras. La experiencia acumulada conduce a la sabiduría, teniendo bien presente que "el temor de Jehová es el principio de la sabiduría; el conocimiento del Santísimo es la inteligencia "(Pr 9:10). No hay nada como vivir cerca del Señor para aprender todo lo concerniente

al ministerio pastoral, como para cualquier otra cosa que tenga que ver con la espiritualidad y la piedad, que es lo que sigue.

8. **En relación con su vida espiritual:** "Amante de lo bueno, sobrio, justo, santo, dueño de sí mismo, retenedor de la palabra fiel tal como ha sido enseñada" (Tito). Es muy interesante toda esta gama de virtudes que añade Pablo en su requerimiento a Tito. Las mismas palabras son lo suficientemente elocuentes para que tengamos una idea clara de lo que se requiere de nosotros como pastores[27]: apego a lo bueno, sobriedad, justicia o piedad, templanza o autocontrol, santidad y fidelidad a la palabra de Dios «tal como ha sido enseñada». No hay lugar para las novedades, los inventos modernos. Hay una tradición bíblica que ha persistido a través de los siglos y a pesar de las desviaciones de la propia iglesia, ente falible por ser humana, pero en la que siempre ha existido la intervención del Espíritu Santo promoviendo la vuelta a la pureza evangélica, tal como podemos comprobar por la propia historia de la iglesia: los apologistas cristianos de los primeros siglos, los debates de los primeros sínodos y concilios, los intentos de reforma y de búsqueda de la espiritualidad, la propia Reforma Protestante, los diferentes avivamientos y movimientos por la espiritualidad y de restauración de los principios bíblicos... Tales intentos no siempre han sido suficientemente fructíferos, ni exentos de dificultad y oposición, pero al final, la luz se abre paso entre las tinieblas y acaba resplandeciendo. Como pastores, estamos comprometidos con la búsqueda de un «más alto nivel» de espiritualidad, debiendo ser nosotros los «ejemplos de la grey» (1 P 1:3).

9. **En cuanto al testimonio:** "Es necesario que tenga buen testimonio de *los de afuera*, para que no caiga en descrédito y en lazo del diablo". El testimonio[28] es lo que se ve de nosotros, y debe confirmar lo que decimos o predicamos. La indicación de Pablo recalca que tiene que ver de manera especial con «los de afuera», es decir, los no cristianos, porque no hay nada que desacredite

---

[27] El apóstol Pablo hace referencia a "ancianos" (πρεσβυτέρους), o a "obispos" (ἐπίσκοπον), siendo dos de las funciones pastorales: la autoridad (anciano), y la supervisión (obispo).

[28] Gr. μαρτυρίαν, *martyrian*.

más que la doble moral, la hipocresía o la falta de coherencia entre lo que predicamos y lo que hacemos. Descrédito es que nadie tenga confianza en nosotros, que no nos crean, que todo el mundo sepa que no somos lo que proclamamos, sino todo lo contrario, es decir, unos hipócritas. Puede que «los de afuera» no quieran aceptar nuestro mensaje, porque no lo entienden o porque no les conviene; pero si somos íntegros, al menos nos tendrán un mínimo respeto, porque entenderán que vivimos lo que decimos creer y proclamamos. Si nos descuidamos en esto, el diablo nos enreda y caemos en su trampa; y una vez enredados, no valemos nada; nuestras palabras son huecas, absolutamente ineficaces para la extensión del evangelio. No olvides esta palabra: crédito, que es tu fiabilidad; si la pierdes, nadie querrá ni siquiera oír lo que tengas que decir.

En referencia a los otros ministros —aquí llamados diáconos— se les exige, además de algunos de los requisitos exigibles igualmente al ministerio pastoral, honestidad, lo que tiene que ver tanto con su vida moral como con su forma de afrontar la economía y las finanzas. A las mujeres, "que no sean calumniadoras (…) fieles en todo".

Pablo también recomienda a Timoteo que los candidatos o candidatas al ministerio han de demostrar que cubren los requisitos antes de poder ser establecidos oficialmente y poder ejercer así el ministerio cuando escribe: "Y estos también sean sometidos primero a prueba, y luego, si son irreprochables, podrán ejercer el diaconado [ministerio]" (1 Ti 3:10).

La preparación pastoral es imprescindible para poder cumplir con la misión pastoral. Escribe Jared C. Wilson en el mencionado libro conjunto *Portraits of a Pastor*, "Puedes tener el título de pastor, tu tarjeta de visitas puede poner pastor, y tu biografía en las redes sociales puede decir que eres pastor, pero si estas tres características no se cumplen en ti, no eres pastor. Si no alimentas a las ovejas, amas al Cordero y confías en el Buen Pastor, no eres pastor".[29]

Concluyo este capítulo sobre la preparación al ministerio pastoral, citando las palabras del apóstol Pedro: "Cada uno según el don que

---

[29] Ibíd. p. 13.

ha recibido, minístrelo a los otros, como buenos administradores de la multiforme gracia de Dios. Si alguno habla, hable conforme a las palabras de Dios; si alguno ministra, ministre conforme al poder que Dios da, para que en todo sea Dios glorificado por Jesucristo, a quien pertenecen la gloria y el imperio por los siglos de los siglos. Amén" (1 P 4:10-11). El don, el ministerio, la mayordomía, la gracia, la capacidad de pastorear, nada es nuestro, todo proviene de Dios y a él solo pertenece la gloria. No podremos nunca dar más de lo que hemos recibido, ni ministrar más allá de la palabra y el poder de Dios. Todo lo demás sería humano y, por tanto, falible, torpe, superficial; placebo ineficaz, en vez de medicina que cura.

CAPÍTULO 13

El binomio autoridad-obediencia

¡Cuánto se habla en los medios eclesiásticos de la autoridad espiritual! ¡Cuántos conflictos se producen en las iglesias en torno a este asunto! Y cuánta confusión… Además, nuestro medio ambiente en el que vivimos parece ser alérgico a estos conceptos muchas veces identificados con el autoritarismo, por un lado, o con el servilismo, por otro. Pero la autoridad, cuando es legítima y genuina, es la negación del autoritarismo, siendo este a su vez la negación de la autoridad; y la obediencia no es sometimiento a ciegas, ni servilismo, sino una actitud positiva producto de la sumisión voluntaria y consciente. En conjunto, algo productivo. Bueno es, por tanto, que establezcamos un punto de equilibrio y de entendimiento en torno a la autoridad pastoral.

Hemos dicho anteriormente y todo creyente sabe que en el Nuevo Testamento a los pastores se les conoce también como «ancianos»[30], y que ese término se le aplica en función de su autoridad, pues el pueblo de Israel, así como otros pueblos vecinos, era gobernado por ancianos, es decir, por personas de cierta edad, experimentados en la vida, respetados por el pueblo en razón de su edad y sabiduría y por ser líderes de sus propias familias.

---

[30] *Heb. 2205 zaqén,* זָקֵן = viejo, anciano; gr. 4245 *presbýteros, πρεσβύτερος.* Ropero, A. (2013). ANCIANO. En A. R. Berzosa (Ed.), *Gran Diccionario Enciclopédico de la Biblia* (2ª Edición, p. 127). Viladecavalls, Barcelona: Editorial CLIE.

En Roma, dominadora del mundo mediterráneo en tiempos de Jesús y que legó al mundo, además de infinidad de obras de ingeniería, el derecho romano, la autoridad se entendía de diversa manera:

En la Roma clásica, existían tres maneras distintas de interpretar el poder: el «*imperium*», la «*potestas*» y la «*auctoritas*». El «*imperium*» era un poder absoluto propio de quienes tenían capacidad de mando, se trataba fundamentalmente, de los cónsules y los procónsules. Luego estaba la «*potestas*» que era el poder político capaz de imponer decisiones mediante la coacción y la fuerza. Y, por último, existía la «*auctoritas*» que era un poder moral, basado en el reconocimiento o prestigio de una persona.[31]

En nuestro ámbito, el «*imperium*» le pertenece solo a Dios, quien únicamente posee una autoridad soberana y, en todo caso la «*potestas*» (Mt 10:28), la fuerza coercitiva, aunque él la ejerce en justicia y con misericordia. Como pastores, dirigentes y supervisores sobre el pueblo de Dios solo nos corresponde la «*auctoritas*», basada en un ministerio probado y reconocido. Pero es una autoridad delegada de parte de Dios, no una autoridad nacida de uno mismo.

El centurión romano que se acercó a Jesús, acostumbrado a estar sometido a la disciplina militar, tenía una idea clara de la autoridad. Cuando debate con Jesús invocando su autoridad divina, confiesa: "Señor, no soy digno de que entres bajo mi techo; solamente di la palabra y mi criado sanará, pues también *yo soy hombre bajo autoridad y tengo soldados bajo mis órdenes*, y digo a este: «Ve», y va; y al otro: «Ven», y viene; y a mi siervo: «Haz esto», y lo hace" (Mt 8:8-9, énfasis mío). Estaba bajo autoridad y ejercía autoridad.

A la muerte de Moisés, Dios traspasa su autoridad a Josué, hasta entonces su «servidor» (Jos 1:1). Dios le dice:

Mi siervo Moisés ha muerto. Ahora, pues, levántate y pasa este Jordán (…) Nadie podrá hacerte frente en todos los días de tu vida: como estuve con Moisés, estaré contigo; no te dejaré ni te

---

[31] *Auctoritas y Potestas, en la antigua Roma*, Yolanda Rodriguez y Carlos Berbell (5 enero, 2016). https://confilegal.com/20160105-auctoritas-potestas-antigua-roma/

desampararé. Esfuérzate y sé valiente, porque tú repartirás a este pueblo como heredad la tierra que juré dar a sus padres. Solamente esfuérzate y sé muy valiente, cuidando de obrar conforme a toda la Ley que mi siervo Moisés te mandó; no te apartes de ella ni a la derecha ni a la izquierda, para que seas prosperado en todas las cosas que emprendas. Nunca se apartará de tu boca este libro de la Ley, sino que de día y de noche meditarás en él, para que guardes y hagas conforme a todo lo que está escrito en él, porque entonces harás prosperar tu camino y todo te saldrá bien. Mira que te mando que te esfuerces y seas valiente; no temas ni desmayes, porque Jehová, tu Dios, estará contigo dondequiera que vayas. (Jos 1:2-9).

Autoridad y obediencia, ambas cosas aparecen en el texto. Dios transfiere a Josué la autoridad que tuvo anteriormente Moisés, le promete estar a su lado en todo; él repartirá la tierra, prosperará y todo le saldrá bien mientras la palabra de Dios esté en su corazón y en sus actos. Pero todo el mensaje se expresa en tono imperativo: Dios manda y Josué tiene que obedecer, porque no hay autoridad sin obediencia, la escuela de la obediencia, en la que se fraguan los grandes líderes, como el mismo Jesús, de quien se dice en la Carta a los Hebreos que "aunque era Hijo, a través del sufrimiento aprendió lo que es la obediencia; y habiendo sido perfeccionado, vino a ser autor de eterna salvación para todos los que lo obedecen" (He 5:8-9). Llama la atención que esa escuela de la obediencia fuera a través del sufrimiento. ¿Acaso hay que sufrir para aprender a obedecer? En cierta manera, parece que sí. Ciertamente la obediencia implica negarse a sí mismo y aceptar la voluntad de otra persona. En el caso de Jesús, el texto nos dice que "en los días de su vida terrena, ofreció ruegos y súplicas con gran clamor y lágrimas al que lo podía librar de la muerte" (He 5:7). Llegó a sudar sangre, según el testimonio de los evangelios, pero acabó exclamando "no sea como yo quiero, sino como tú" (Mt 26:39). No es que tengamos que sudar sangre nosotros para imitar a Jesús en su obediencia al Padre; lo que sí corresponde es que respondamos como él: «no sea como yo quiero, sino como tú».

Volviendo a Josué, después de recibir las órdenes divinas él asume su autoridad y comienza a dar las órdenes oportunas para cumplir con la misión que se le había encomendado; y el pueblo le responde: "Nosotros haremos todas las cosas que nos has mandado, e iremos adondequiera que nos mandes. De la manera que obedecimos a Moisés en todas las cosas, así te obedeceremos a ti; solamente que Jehová, tu Dios, esté contigo, como estuvo con Moisés" (Jos 1:16-17). Para el pueblo, el fundamento de la autoridad de Josué era el hecho que Dios estuviera con él. Para nosotros es igual.

Tras las primeras acciones de Josué siguiendo las instrucciones divinas, Dios le dice: "Desde este día comenzaré a engrandecerte ante los ojos de todo Israel, para que entiendan que como estuve con Moisés, así estaré contigo" (Jos 3:7). La autoridad viene de Dios y es Dios mismo quien la confirma y la hace patente. Reclamar o tratar de imponer la autoridad es un intento estéril e inútil, que solo produce rechazo, pues la autoridad que se impone es solo autoritarismo.

El llamamiento de Jeremías es igualmente ilustrativo: Dios le dice: "Te santifiqué, te di por profeta a las naciones" (Jr 1:5). Es todo un nombramiento, dotado de autoridad. A las excusas de Jeremías, intimidado por su juventud, Dios le responde con un mandato ineludible: "A todo lo que te envíe irás, y dirás todo lo que te mande. No temas delante de ellos, porque contigo estoy para librarte" (Jr 1:7-8). Sigue una exposición clara del propósito de Dios para con Jeremías: "He puesto mis palabras en tu boca. Mira que te he puesto en este día sobre naciones y sobre reinos, para arrancar y destruir, para arruinar y derribar, para edificar y plantar" (Jr 1:9-10). ¿Cabe mayor autoridad? Es Dios mismo quien pone en la boca del joven y timorato Jeremías sus palabras y quien lo instituye sobre reyes y naciones con un propósito determinado que habrá de cumplir.

Dios le da autoridad, pero él tiene que obedecer. Esta es la ecuación y nosotros hemos de resolverla adecuadamente si queremos, como Josué o como Jeremías, tener éxito en nuestro ministerio. Nuestra autoridad procede de Dios por delegación, y se sustenta en nuestra propia obediencia a Dios.

¿Significa esto que los pastores estamos o debemos estar sujetos a una jerarquía, a algún pastor de pastores o a alguna autoridad apostólica, como algunos propugnan? Para contestar a estas preguntas hemos de ir por partes:

1. El Nuevo Testamento solo reconoce a una cabeza sobre la iglesia y esta es Jesucristo (Ef 5:23; 4:15; 5:23; Col 1:18). La iglesia no tiene una cabeza invisible que es Cristo y otra visible, supuestamente algún papa o autoridad superior.

2. El apóstol Pedro, a quien algunos atribuyen el papel de primer papa o jefe de la iglesia, se refiere a Jesucristo como el "Príncipe de los pastores"[32] (1 P 5:4). En ninguna otra parte del Nuevo Testamento se atribuye ese título a ningún otro ministro. La misma forma de dirigirse Pedro a sus colegas es muy significativa: "Ruego a los ancianos que están entre vosotros, *yo, anciano también con ellos...*" (5:1). Pedro se considera uno más entre los ancianos; no invoca ninguna autoridad superior, por eso sus palabras no son conminatorias, sino un «ruego».

3. La Carta a los Hebreos nos recuerda que los pastores «han de dar cuentas» (13:17), pero se entiende que es a Dios, no a ninguna autoridad jerárquica superior. Con todo, si entendemos que el ministerio en la iglesia local es plural y que puede haber varios pastores, según áreas de responsabilidad y ministerio; una estructura de gobierno es necesaria y, por tanto, alguien que presida entre los diferentes ministerios de la iglesia, sean o no pastores, ancianos o como se les quiera denominar. El dar cuentas, estando «sujetos los unos a los otros» (Ef 5:21), forma parte del estilo de vida de los cristianos.

4. La historia de la iglesia y los escritos de los padres y demás documentos eclesiásticos antiguos también nos aportan datos sobre el asunto: al principio, y hasta el siglo II, los términos de pastor, presbítero y obispo eran sinónimos, expresando solo, como se ha dicho antes, funciones específicas del mismo ministerio. El término diácono designaba en forma genérica a un ministro —siervo— y no a un ministerio subordinado. La división jerárquica de obispos, presbíteros y diáconos no toma forma hasta el siglo II, institucionalizándose a partir de entonces. La idea de la primacía del obispo de Roma es muy posterior, y comienza a

---

[32] Gr. ἀρχιποίμενος , *archipoimenos*, palabra compuesta de ἀρχι (primero o principal) y ποίμενος (pastor).

tomar fuerza con León I, conocido como el Grande (siglo V), desarrollándose poco a poco hasta llegar a lo que es hoy el papado. La ruptura entre las iglesias orientales de cultura griega y las latinas, ligadas a Roma, se debió en buena parte a las pretensiones de primacía de la sede romana. La Reforma protestante rechazó igualmente ese poder omnímodo y avasallador. No sería lógico aceptar hoy una autoridad de ese tipo, manifestada en numerosos «pequeños papas» repartidos alrededor del mundo.

5. La autoridad apostólica ha de ser entendida dentro de los parámetros bíblicos. Por un lado, la autoridad de los doce apóstoles, los llamados «Apóstoles del Cordero», que nos son presentados en los cuatro evangelios, más Matías, sustituto del traidor Judas, poseen una autoridad única e intransferible, reservada a quienes habían vivido con Jesús durante sus tres años de ministerio (Hch 1:21-23). Por otro lado, está Pablo, con un llamado específico para abrir la puerta del evangelio a los gentiles y echar los cimientos teológicos de la doctrina cristiana. Su autoridad es igualmente única, pero a la vez nos proporciona un modelo de autoridad. En sus cartas habla de una "autoridad, la cual el Señor nos dio para edificación y no para vuestra destrucción" (2 Co 10:8). Lo hace para justificar su actuación al ejercer legítimamente tal autoridad, no para imponerla. Siguiendo su argumento, escribe, "Pero nosotros no nos gloriaremos desmedidamente, sino conforme a la regla que Dios nos ha dado por medida al permitirnos llegar también hasta vosotros" (2 Co 10:13). Está diciendo que no reclama una autoridad desmedida, ilegítima, más allá de la recibida, sino simplemente la que Dios le ha dado —su medida— y que le ha permitido llegar hasta ellos con el respaldo divino, los creyentes de Corinto. Ellos son su regla por la que se ha de medir su ministerio, puesto que ellos eran el objetivo de su misión; llegar hasta ellos y que se convirtieran al Señor. A ellos se dirige en su primera carta con ruegos y con un lenguaje amoroso, pero valiéndose de su influencia como fundador de la iglesia, comparándose con un padre:

No escribo esto para avergonzaros, sino para amonestaros como a hijos míos amados (…) pues en Cristo Jesús yo os engendré por medio del evangelio. Por tanto, os ruego que me imitéis (…) iré pronto a visitaros, si el Señor quiere, y conoceré, no las palabras, sino el poder de los que andan envanecidos, pues el reino de Dios no consiste en palabras, si no en poder. ¿Qué queréis? ¿Iré a vosotros con vara, o con amor y espíritu de mansedumbre? (1 Co 4:14-21).

Es una autoridad espiritual la que le otorgaba haberles llevado el evangelio. El actual modelo neoapostólico no se ajusta exactamente a esta línea, pues traspasa esos límites a los que alude Pablo, reclamando autoridad sobre trabajos ajenos y, por tanto, carente de la misma legitimidad.

Como hemos mencionado anteriormente, Pablo recomienda: "Someteos unos a otros en el temor de Dios" (Ef 5:21), por lo que es bueno que los pastores estemos sujetos al resto del cuerpo de Cristo de una manera natural y equilibrada, dando cuenta a la propia iglesia y estando vinculados al resto de iglesias del cuerpo de Cristo.

¿Cómo se hace esto? Por un lado, reconociendo que no somos dueños de la iglesia, ni dictadores, poseedores de una autoridad absoluta. Por otro, asociándonos a otras iglesias similares con las que podamos tener un compañerismo cristiano que nos ayude a mantenernos en una línea recta, sin desviaciones ni abusos hacia los que podemos tender dada nuestra naturaleza humana. Esto también nos sirve de ayuda cuando estamos en necesidad, cualquiera que sea la causa de ésta.

Con las demás iglesias debemos de mantener unos niveles elevados de ética ministerial y eclesiástica, de respeto y compañerismo, entendiendo que ninguno estamos en posesión de la verdad absoluta y que nuestro grupo o denominación no son los únicos que se mantienen fieles al Señor. Actuar de otra manera sería manifestar una visión y un comportamiento sectarios.

CAPÍTULO 14

Los retos del ministerio pastoral

Después de más de cuarenta años ejerciendo el ministerio pastoral, declaro con gozo que servir al Señor como pastor ha sido un privilegio extraordinario. Ya lo dice Pablo: «El que apetece obispado, buena obra desea», pero también he mencionado en un capítulo anterior que los requisitos son muy exigentes y rigurosos. Ahora nos fijaremos en los desafíos o retos a los que nos enfrentamos los pastores, que son muchos y diversos.

Pablo era apóstol, fundador de iglesias y, como tal, pastor durante el tiempo inicial en el que tenía que esforzarse por «establecer ancianos en cada ciudad» en la que fundaba una iglesia junto con sus colaboradores, tal como le ordenó a Tito que hiciera en Creta (Tit 1:23). El texto que sigue es una exposición de esos retos a los que se enfrentaba en el desarrollo y cumplimiento de su misión:

> Dios nos ha puesto a nosotros los apóstoles en el último lugar, como a sentenciados a muerte. ¡Hemos llegado a ser un espectáculo para el mundo, para los ángeles y para los hombres! Nosotros somos insensatos por causa de Cristo, y vosotros sois prudentes en Cristo; nosotros débiles, y vosotros fuertes; vosotros sois honorables, y nosotros despreciados. Hasta el día de hoy padecemos hambre y tenemos sed, estamos desnudos, somos

abofeteados y no tenemos lugar fijo donde vivir. Nos fatigamos trabajando con nuestras propias manos; nos maldicen, y bendecimos; padecemos persecución, y la soportamos. Nos difaman, y respondemos con bondad; hemos venido a ser hasta ahora como la escoria del mundo, el desecho de todos. (1 Co 4:6-13).

Un texto así pudiera parecer desalentador. ¿Quién osaría elegir un ministerio que conllevase tantas dificultades y contrariedades? Evidentemente, si tan solo nos quedamos con estas palabras de Pablo, nunca aceptaríamos el llamamiento del Señor, porque lo que realmente queremos es que nos vaya bien, tener éxito; que nuestra iglesia crezca y sea relevante, ser tenidos en estima, al menos por nuestros colegas, nuestros compañeros de ministerio. Nadie, de entrada, desea sufrir. Pero estos comentarios de Pablo son meramente anecdóticos, propiciados por su necesidad de que los creyentes a quienes se dirigía en sus cartas —los corintios, en concreto— pudieran entender cabalmente quién era Pablo y cuál era su realidad cotidiana frente a otros que, sin derecho alguno, pretendían manejarlos a su antojo. Él también declara:

Por lo cual, teniendo nosotros este ministerio según la misericordia que hemos recibido, no desmayamos. Antes bien renunciamos a lo oculto y vergonzoso, no andando con astucia, ni adulterando la palabra de Dios. Por el contrario, manifestando la verdad, nos recomendamos, delante de Dios, a toda conciencia humana (…) No nos predicamos a nosotros mismos, sino a Jesucristo como Señor, y a nosotros como vuestros siervos por amor de Jesús. (2 Co 4:1-2,5).

No cabe duda de que Pablo, a pesar de las experiencias dolorosas que le tocaba enfrentar en determinadas ocasiones, disfrutaba de su ministerio y de cuanto Dios le permitía vivir. Por eso escribe a continuación de las palabras anteriormente citadas:

Porque Dios, que mandó que de las tinieblas resplandeciera la luz, es el que resplandeció en nuestros corazones, para iluminación del conocimiento de la gloria de Dios en la faz de Jesucristo. Pero tenemos este tesoro en vasos de barro, para que la excelencia del poder sea de Dios y no de nosotros, que estamos atribulados en todo, pero no angustiados; en apuros, pero no desesperados; perseguidos, pero no desamparados; derribados, pero no destruidos. Dondequiera que vamos, llevamos siempre en el cuerpo la muerte de Jesús, para que también la vida de Jesús se manifieste en nuestros cuerpos, pues nosotros, que vivimos, siempre estamos entregados a muerte por causa de Jesús, para que también la vida de Jesús se manifieste en nuestra carne mortal (…) Por tanto, no desmayamos; antes, aunque este nuestro hombre exterior se va desgastando, el interior no obstante se renueva de día en día, pues esta leve tribulación momentánea produce en nosotros un cada vez más excelente y eterno peso de gloria. (2 Co 4:7-11;16-18).

El Espíritu mismo da testimonio a nuestro espíritu, de que somos hijos de Dios. Y si hijos, también herederos; herederos de Dios y coherederos con Cristo, si es que padecemos juntamente con él, para que juntamente con él seamos glorificados. Tengo por cierto que las aflicciones del tiempo presente no son comparables con la gloria venidera que en nosotros ha de manifestarse. (Ro 8:16-18).

La oposición, el sufrimiento, la necesidad, forman parte del ministerio cristiano, pero en contraposición está el privilegio de servir a un Dios vivo que hace reposar su gloria sobre nosotros. Merece la pena resaltar la última frase del apóstol, que "esta leve tribulación momentánea produce en nosotros un cada vez más excelente y eterno peso de gloria".

Si ahora nos trasladamos a nuestro tiempo presente, podemos mirar a cara descubierta los retos actuales. Quizá, si vivimos en países democráticos y «libres», no nos enfrentamos a persecuciones cruentas y mortíferas, pero sí a otros tipos de inconvenientes que hacen difícil nuestra labor pastoral. Por ejemplo:

1. **La atmosfera espiritual que nos rodea:** que no difiere básicamente de la que respiraban Pablo y sus compañeros de misión. Por un lado, un mundo religioso apartado de la palabra de Dios, lastrado por siglos de tradiciones humanas que nada tienen que ver con el verdadero evangelio y que han suplantado la vida

espiritual por la superstición y la religiosidad. Por otro lado, el ateísmo creciente y la ola de secularización que afecta a nuestras sociedades occidentales, con su consecuente degradación ética y moral. Somos rechazados por unos como herejes, y por otros como retrógrados aferrados a modos de vida supuestamente ya superados por el llamado «progreso» social. Pero el evangelio siempre fue contra corriente y requiere el abandono de la filosofía de vida reinante, vana, estéril y dañina (Ro 12:2; Ef 4:23).

2. **El ritmo de vida acelerado y artificial en el que estamos sumidos:** es tanta la prisa, la ocupación y la preocupación, la tensión, que no queda tiempo para el Señor ni para ocuparnos de nuestra vida espiritual. Así como el aire material de nuestras ciudades se ha vuelto tóxico e irrespirable, nuestra salud espiritual corre peligro permanente debido a esa atmósfera corrompida de pecado e indiferencia imperantes. No hay tiempo para pensar ni reflexionar sobre lo que somos y hacia dónde vamos como sociedad y como individuos; no hay tiempo para Dios; el trabajo, el ocio, el deporte, la diversión, el consumo, todos ellos elementos legítimos y saludables en su justa medida, se han vuelto dioses poderosos que compiten con el verdadero Dios en una concurrencia que antes no existía en la misma forma ni en los mismos niveles. El domingo dedicado al Señor va siendo barrido en nuestras sociedades modernas, sustituido por el comercio y el esparcimiento, necesarios, por supuesto —aunque no más que la vida congregacional y la adoración al Dios que nos da la vida. Las fiestas cristianas ampliamente instaladas socialmente se ven amenazadas por intentos de sustituirlas por motivos seculares y paganos, más al uso. No ha de sorprendernos cuando, además, en el pasado, el cristianismo oficial actuó de la misma manera.

3. **La secularización que alcanza a nuestras iglesias:** se entiende por secularización de la sociedad la pérdida de determinados valores de carácter religioso o confesional que anteriormente se consideraban vigentes en forma generalizada, sustituyéndolos por otros valores más centrados en el hombre y de carácter más laico. Es verdad que, viviendo en un mundo plural, no podemos pedir a ese mundo que se adapte a nosotros, sobre todo siendo

los cristianos[33] una minoría social. El mundo siempre ha sido mundo, solo que ahora ha cambiado en su forma y expresión. Entre el legalismo y la mundanalidad hay un amplio espacio que rellenar. Nuestras iglesias se ven afectadas por las corrientes de pensamiento del mundo que nos rodea y que se van infiltrando de manera sutil en la mente y las conciencias de los creyentes. La presión mediática es muy fuerte, a menudo controlada por grupos influyentes que acaban imponiendo su pensamiento único: proclaman un supuesto progreso en las costumbres, una ideología dogmática sobre determinados aspectos de la vida, negando de hecho el derecho a la libertad de conciencia y de pensamiento a quienes no opinen como ellos. Muchos creyentes son permeables a esa manera de pensar, en detrimento de su fidelidad al evangelio y su consagración espiritual. De ahí la amonestación de Juan: "No améis al mundo ni las cosas que están en el mundo. Si alguno ama al mundo, el amor del Padre no está en él, porque nada de lo que hay en el mundo —los deseos de la carne, los deseos de los ojos y la vanagloria de la vida— proviene del Padre, sino del mundo. Y el mundo pasa, y sus deseos, pero el que hace la voluntad de Dios permanece para siempre" (1 Jn 2:15-17).

4. **La falta de compromiso en muchos creyentes:** una vida espiritual escasa en compromiso deriva indefectiblemente hacia la religiosidad; y la mera religiosidad no es más que un sucedáneo de la espiritualidad. El cristiano verdadero ha de vivir en el Espíritu. No hacerlo es vivir en la carne:

> Los que son de la carne piensan en las cosas de la carne; pero los que son del Espíritu, en las cosas del Espíritu. El ocuparse de la carne es muerte, pero el ocuparse del Espíritu es vida y paz, por cuanto los designios de la carne son enemistad contra Dios, porque no se sujetan a la Ley de Dios, ni tampoco pueden; y los que viven según la carne no pueden agradar a Dios. Pero vosotros no vivís según la carne, sino según el Espíritu, si es que el Espíritu de Dios está en vosotros. (Ro 8:5-9).

---

[33] Me refiero a cristianos no meramente nominales, sino a los verdaderamente comprometidos con el evangelio y la ética del Reino.

Muchos piensan que uno vive en la carne cuando vive en pecado, es decir, practicando algún vicio, en adulterio o fornicación, apartado de Dios, etc. Eso es vivir en pecado; pero vivir en la carne es simplemente vivir según nuestra naturaleza caída, ocupándonos de lo que pertenece a esa naturaleza y pensando de acuerdo a la cosmovisión que le es propia. Uno puede leer la Biblia, orar, acudir a los cultos regularmente, pero no producir los frutos del Espíritu, simplemente porque el Espíritu no domina sobre su carne, sino al contrario, produciendo esta sus obras. Tal manera de vivir no puede agradar a Dios, porque no podemos superar la Ley, que nos condena, si no es por el Espíritu de Dios. Si el Espíritu de Dios mora en nosotros, lo natural es que nuestra vida esté consagrada a Dios, y que vivamos comprometidos con él y con su pueblo. El compromiso implica ser responsables en todas las áreas de la vida cristiana, que se vive en comunidad, es decir, como miembro activo y provechoso del cuerpo de Cristo.

Las tensiones inherentes al sistema de vida moderna distraen sobremanera a los creyentes de otros focos de atención relacionados con su vida espiritual; si el creyente no acierta en la disposición de sus prioridades, anteponiendo lo espiritual a lo material o se deja llevar por la dinámica general de este mundo, el resultado es evidente.

Otra razón que explica esta falta de compromiso de tantos creyentes con la obra de Dios es el personalismo imperante, propio de nuestra cultura. Ese personalismo individualista lleva a muchos a sentirse centro de todo —un término más propio sería «egoísmo»— entendiendo la iglesia como un lugar de consumo, donde uno espera ser atendido, mimado, ministrado, etc. sin aportación personal alguna. Pero esa manera de entender el evangelio se aleja mucho del plan divino, pues la iglesia es un lugar de servicio, donde todos hemos de aportar nuestros dones para la edificación general. Los creyentes han de entender su papel como «miembros» del cuerpo de Cristo, que ejercen su función en una iglesia local concreta: *su* iglesia. No podemos esperar compromiso de creyentes que asisten a nuestras iglesias por cualquier razón que no sea entender que allí es donde Dios quiere que estén. Quien asiste a una iglesia simplemente por cercanía, o porque tiene buenas instalaciones o buen grupo musical, sin comprometerse como miembro activo en todo lo que tal cosa implica, es como si estuviera de visita. Muchos, además, no esperan otra cosa. Así se sienten cómodos; consumen, pero no aportan nada, más allá de su presencia y su crítica segura cuando no se les dé lo que esperan.

5. **Factores propios del tiempo en que vivimos:** me refiero a factores diversos de carácter social, demográfico o cultural, propios de los tiempos en que nos ha tocado vivir. Las iglesias no son ajenas a estas circunstancias y se enfrentan a situaciones ambientales diferentes según los países y el medio en el que están establecidas: no es lo mismo ser una iglesia evangélica en un país de cultura y tradición protestante que en uno católico, musulmán o de cualquier otra religión mayoritaria. Tampoco es lo mismo existir en un medio rural o en una pequeña ciudad que en una gran urbe. La realidad laboral de las familias hoy difiere mucho de la de hace unos años, cuando la mujer estaba mayoritariamente en casa mientras el varón trabajaba fuera para aportar la economía del hogar. Hoy, mayoritariamente, trabajan tanto el varón como la mujer, cuando no están en paro uno o incluso los dos cónyuges. El sistema de vida así lo exige, y también es el resultado de que la mujer haya dejado de ocupar un lugar secundario en la sociedad para alcanzar un nivel equiparable al del varón, pudiendo desarrollar así sus capacidades y su propia vocación. No cabe aquí decir, como hacen algunos, que tal cosa significa abandonar el lugar que Dios le asignó desde el principio, siendo por tanto una tara que hay que corregir, reenviándola a aquella posición secundaria y servil de antaño. El sometimiento secular de la mujer al varón no es más que el resultado de la caída, su consecuencia, no una imposición divina; es una maldición humana, resultado de la pecaminosidad e impuesta por la fuerza. Lo que nos toca es adaptarnos a la realidad actual, como en tantas otras cosas que no contradicen la palabra de Dios y obtener provecho de ellas. Gracias a eso ahora también podemos recurrir a esa otra mitad de la humanidad, minusvalorada en muchos aspectos, para aprovechar sus extraordinarios recursos

que, puestos al lado de los nuestros, los de los varones, resultan en un inmenso potencial en las manos de Dios.

6. **Nuevos desafíos éticos derivados de los avances científicos y tecnológicos:** en los últimos decenios del siglo XX se han producido avances en la biología, la medicina y otras ciencias, que hacen que se nos planteen situaciones insospechadas a las que hemos de dar respuesta como pastores: la prolongación de la vida por medios artificiales, reproducción asistida, embarazos subrogados, clonación, manipulación genética, etc. Nada de esto planteaba ningún tipo de problema ético para los creyentes ni para los pastores, simplemente porque no existía. Ya no hablamos de libertad sexual, de divorcio o de otros planteamientos morales. Hablamos de situaciones vitales totalmente vigentes en este siglo XXI del que llevamos ya recorrido un cierto trayecto y en el que nos adentramos con nuevas y preocupantes perspectivas. Los creyentes pueden sentirse perplejos o desorientados frente a tales desafíos, pero los pastores tenemos la obligación de informarnos convenientemente y buscar de Dios para obtener las oportunas respuestas.[34] No podemos tratar esos problemas de hoy con recetas de ayer; los problemas reales han de ser resueltos con soluciones reales. La palabra de Dios nos proporciona principios válidos para todo tipo de situaciones, no recetas o fórmulas para aplicarlas mecánicamente como se aplica un protocolo, porque los problemas humanos no suelen ser mecánicos, sino que tienen que ver con la intrincada complejidad del corazón humano, tal como reconoce el texto de Hebreos: "La palabra de Dios es viva, eficaz y más cortante que toda espada de dos filos: penetra hasta partir el alma y el espíritu, las coyunturas y los tuétanos, y discierne los pensamientos y las intenciones del corazón. Y no hay cosa creada que no sea manifiesta en su presencia; antes bien todas las cosas están desnudas y abiertas a los ojos de aquel a quien tenemos que dar cuenta" (He 4:12-13). Esta descripción se asemeja más a la acción de un bisturí que a la de un hacha o la de una trituradora. Es una labor delicada

---

[34] Para un tratamiento más amplio del tema, ver el capítulo correspondiente de mi libro *Pastores para el Siglo XXI*, editado por CLIE (2018).

y de precisión, dirigida por una mano experta y sensible como es el Espíritu Santo, verdadero cirujano del alma, que «todo lo escudriña» y lo discierne (1 Co 2:10).

Nuestro mundo está necesitado; nuestros fieles también. Aunque no somos «del mundo», vivimos en él con una misión que nos ha sido encomendada. Jesús oró al Padre diciendo, "No son del mundo, como tampoco yo soy del mundo. No ruego que los quites del mundo, sino que los guardes del mal. No son del mundo, como tampoco yo soy del mundo. Santifícalos en tu verdad: tu palabra es verdad. Como tú me enviaste al mundo, así yo los he enviado al mundo" (Jn 17:14-18). Esa palabra es el alimento que la gente necesita y que nosotros como pastores hemos de dar a nuestros feligreses, las ovejas que Dios ha puesto bajo nuestro cuidado. Es la palabra *santificadora* que nos preserva y nos guarda, si la recibimos, la digerimos y permitimos al Espíritu Santo integrarla en nuestro propio ser. De ahí la importancia de dar respuesta a las necesidades reales de la gente que nos rodea, creyentes y no creyentes, con la palabra de Dios, el pan de vida verdadero. Jared C. Wilson dice:

> Cuando escucho a algunos hablar de sus iglesias, siempre acerca de estrategia, técnica, estilo y contexto, —cosas importantes todas ellas— a veces tengo ganas de preguntarles: «¿Amas a tu rebaño?» No todos los creyentes con espíritu emprendedor y capaces de hablar pueden ser pastores. Lo digo con amabilidad: si no te sientes impelido a alimentar a las ovejas, por favor déjalo. Es posible que hayas equivocado tu llamamiento. Quizá podrías usar tus dones más eficazmente en otro lugar, tal vez para comenzar un negocio o una ONG. No necesitamos más vendedores en el púlpito. Necesitamos cuidadores de las ovejas. Necesitamos pastores comprometidos hasta el cuello con los corderitos de Cristo.[35]

Este es nuestro reto final.

---

[35] *Portraits…* p. 18.

CAPÍTULO 15

Liderazgo

La lengua española ha adoptado de manera muy natural el vocablo inglés *leader* —transcrito como líder— que viene a traducirse, entre otras acepciones, por "conductor, director, dirigente, guía, jefe, jerarca, mandamás, persona que tiene mando".[36] En nuestra lengua podríamos decir «dirigente» —literalmente, quien dirige— pero las connotaciones actuales de este vocablo, como mera autoridad, son más restrictivas que las que nos da el vocablo inglés, que parece enfatizar el papel de guía y por eso actualmente ha calado tanto en nuestra cultura y mentalidad, tan cansadas de los excesos del autoritarismo enraizado en nuestros medios latinos, plasmado históricamente en el papado, el monarca por derecho divino o el «caudillo por la gracia de Dios».

Si acudimos a la terminología bíblica, especialmente la neotestamentaria, a los dirigentes de las iglesias cristianas se les llama «ancianos», término que, como ya hemos dicho anteriormente, hace referencia a la autoridad de quienes presidían al pueblo en Israel o la sinagoga. Pedro se identifica como tal junto a los que como él pastorean «la grey de Dios», es decir, "el rebaño o la comunidad de los fieles cristianos".[37]

---

[36] http://traductor.babylon-software.com/ingles/a-espanol/

[37] Diccionario R.A.E. que añade como etimología: "Voz patrimonial del latín *grex, gregis* 'rebaño'. A la misma familia etimológica pertenecen *agregar, congregar, egregio, gregal, gregario* y *segregar*. Muchos de ellos derivados de la idea básica de 'juntar'".

Otro término ampliamente conocido es el de «obispos», del griego *episkopos*, supervisor y, por tanto, responsable de la congregación, resaltando su función de atento vigilante cuya tarea consiste en velar por el bienestar y la seguridad de la comunidad cristiana a su cargo.

En su carta, Pablo habla a los tesalonicenses de "los que trabajan entre vosotros y os presiden[38] en el Señor y os amonestan" (1 Tes 5:12), en clara referencia a los pastores, a quienes menciona en forma plural. En su lista de dones y ministerios de Romanos 12 habla del que «preside» (v.8), pues aunque pastorear puede ser una labor colectiva, que uno presida entre varios también forma parte de la práctica bíblica e histórica, por eso el término «obispo» acabó, allá por el siglo II, designando al ministro que presidía sobre los presbíteros y diáconos en una iglesia metropolitana que abarcaba, a su vez, a otras iglesias dependientes de ella; el equivalente en nuestros días a lo que llamamos una «iglesia madre» que da cobertura o atiende a varios puntos de misión, anexos o iglesias integradas en un compañerismo único. Las iglesias occidentales asumieron muchos términos y conceptos propios de la terminología del imperio romano en declive, solapando a veces sus instituciones ante el vacío dejado por su decadencia. De ahí el término diócesis, que según la Academia de la Lengua es un "distrito o territorio en que tiene jurisdicción un obispo" y tiene su origen "del lat. tardío *dioecēsis*, y este del gr. bizant. διοίκησις *dioíkēsis*; propiamente 'distrito'.[39]

El liderazgo forma parte integral del ministerio pastoral, especialmente de quienes presiden la iglesia. Por supuesto, todo aquel o aquella que desempeña una responsabilidad y que dispone de colaboradores para llevarla a cabo, ejerce un determinado nivel de liderazgo en la congregación, aunque su función no sea presidirla. Ahora bien, como todo el mundo sabe, hay muchas maneras de ejercer el liderazgo y de presidir, y variados son también los estilos que podemos aplicar, dependiendo, entre otras cosas, del nivel de desarrollo de la iglesia a la que servimos y de la propia capacidad y habilidad del líder. Cada pastor tiene su propia idea del liderazgo y aplica su propio estilo,

---

[38] Gr. προΐστημι, *proistemi*, presidir, gobernar sobre, atender a, dirigir, mantener, practicar con diligencia.

[39] http://dle.rae.es/?id=DovGazS

pudiendo ser este más o menos original o a imitación de otros. Esta forma y estilo depende en buena medida de nuestro llamamiento, de nuestra escuela de liderazgo —nuestros maestros o mentores— y de nuestra propia experiencia, además de las circunstancias que nos rodean, pues un buen líder sabe adaptar su liderazgo a toda esta serie de condicionantes, sacando partido de todos ellos. Vale aquí la expresión de Pablo "por lo cual, siendo libre de todos, me he hecho siervo de todos para ganar al mayor número" (1 Co 9:19).

Es bastante común pensar que los buenos líderes son siempre «líderes carismáticos», es decir, que poseen un atractivo natural que hace que la gente los siga, y de ahí la famosa cuestión de si «el líder nace, o se hace». Lester R. Bittel, en su libro *Leadership. The key to management success*, nos dice que "Pocos son, sin embargo, los ejecutivos empresariales a quienes se les puede describir como carismáticos. La mayoría son personas dedicadas, perspicaces, motivadas, para quienes el papel de líder es un medio de alcanzar metas más que un fin en sí mismo"; y añade, "estos ejecutivos aprenden a ser líderes por medio del estudio, adquiriendo y aplicando técnicas de liderazgo comprobadas, de las que hay una gran variedad".[40] El ministerio pastoral es una vocación, pero el cómo se pastorea se aprende, como casi todo en esta vida. Claro que, para que nuestro ministerio sea eficaz —en el Espíritu— no basta con haber aprendido determinadas técnicas, ni aplicar ciertos métodos, sino que ineludiblemente tendremos que pasar por un proceso de permanente formación de nuestro carácter.

El liderazgo tiene que ver con la autoridad, tema tratado anteriormente, ya que no hay líderes sin seguidores, pues aquellos existen en función de estos y estos siguen a aquellos por razón de su autoridad; y la autoridad ha de ser legítima para que sea real y ejerza su función beneficiosa a favor del bien de la comunidad. El liderazgo es por naturaleza una función colectiva, pues para que exista un líder ha de existir necesariamente un colectivo liderado. Un líder sin seguidores no es líder, solo alguien alimentado por una pretensión equivocada. El pastor recibe esta legitimidad en función de su llamamiento, del respaldo divino y de la aceptación de su congregación. Pablo reconoce y reclama ser "apóstol, no de hombres ni por hombre, sino por Jesucristo y por

---

[40] *Leadership, The key to...* p.68.

Dios el Padre que lo resucitó de los muertos" (Gl 1:1). Cuando alguien pretende imponer su autoridad como pastor sin haber sido llamado, sin estar respaldado por Dios y sin el reconocimiento de los feligreses, no es más que un iluso o un usurpador, semejante, en este caso, a los descritos por Pablo en Hechos 20:29-30 que lo que trata es de «arrastrar tras sí discípulos» para sentirse realizado o, en el peor de los casos, para manipularlos en su propio beneficio.

Como pastores, somos líderes de nuestras congregaciones. Cierto que puede ser un liderazgo compartido, dado el caso de que pastoreemos una iglesia madura y estructurada; pero, si presidimos la iglesia, es nuestra responsabilidad liderarla, guiarla hacia las metas fijadas por el propósito divino. Toda iglesia tiene unas metas claras fijadas por la palabra de Dios y que básicamente están recogidas en los textos evangélicos de la Gran Comisión; pero además el Señor tiene planes específicos para cada iglesia según su contexto. Rick Warren, el pastor escritor del *best-seller* evangélico *Una Iglesia con Propósito*,[41] después de enumerar distintos modelos de iglesia según la orientación de su visión, dice: "¡Las iglesias fuertes están edificadas sobre un propósito! Si se enfoca por igual en los cinco propósitos neotestamentarios de la iglesia, tu congregación desarrollará el equilibrio saludable que posibilita el crecimiento duradero (…) Los planes, programas y personalidades, no duran. Pero los propósitos de Dios *perdurarán*"[42] (énfasis del autor).

A continuación, añade: "El punto de partida de cualquier iglesia debería ser la pregunta, «¿Por qué existimos?» Mientras no sepas para qué existe tu iglesia, careces de fundamentos, de motivación y de dirección para tu ministerio (…) tu primera tarea es *definir* tu propósito". Podemos decir que está es la principal tarea de un líder, saber cuál es el propósito del equipo que lidera, por qué y para qué existe, hacia dónde van, cuál es la meta a alcanzar. Todos los líderes bíblicos sabían para qué los había llamado el Señor: Moisés, Josué, Gedeón, Jeremías, Pablo, etc. Esa es la «visión» celestial a la que nosotros tampoco podemos ser rebeldes. Pablo confiesa, "Si anuncio el evangelio, no tengo por qué gloriarme, porque me es impuesta necesidad; y ¡ay de mí si

---

[41] El ejemplar que poseo es el original en inglés, del que traduzco directamente.
[42] *The Purpose Driven Church*, p. 81.

no anunciara el evangelio! Por eso, si lo hago de buena voluntad, recompensa tendré; pero si de mala voluntad, la comisión me ha sido encomendada" (1 Co 9:16-17).

Ser líder es una gran responsabilidad, cualquiera que sea el nivel de liderazgo en el que actuamos, porque nadie es líder absoluto y todos hemos de dar cuentas a alguien por encima y, en última instancia, a Dios. Los líderes también responden ante quienes son liderados, porque el liderazgo cristiano no es más que un servicio al pueblo de Dios. Nos debemos a las personas que lideramos; ellos esperan de nosotros que sepamos llevarlos a esas metas que les hemos propuesto y que han aceptado. Como ejemplo dramático tenemos al mismísimo Moisés, quizá el más grande de los líderes bíblicos, en continua confrontación con un pueblo renuente y quejoso. Su carrera como líder no fue fácil, comenzando con una profunda frustración, "pues él pensaba que sus hermanos comprendían que Dios les daría libertad por mano suya; mas ellos no lo habían entendido así" (Hch 7:25). Este error de apreciación le llevó a tener que huir y refugiarse por cuarenta años en el desierto. Podemos imaginar que tras semejante desengaño habría abandonado completamente su visión, pensando casi con toda seguridad que su llamamiento no había sido más que una ficción, quizá producto de su propia soberbia. Pero, tal como cuenta Esteban en su discurso, "a este Moisés, a quien habían rechazado, diciendo: ¿Quién te ha puesto por gobernante y juez?, a este lo envió Dios como gobernante y libertador por mano del ángel que se le apareció en la zarza. Este los sacó, habiendo hecho prodigios y señales en tierra de Egipto, y en el Mar Rojo, y en el desierto por cuarenta años" (Hch 7:35-36). En estos cuarenta años de peregrinación por el desierto, hay un determinado momento en el que Moisés llega a decirle a Dios: "No puedo yo solo soportar a todo este pueblo: es una carga demasiado pesada para mí. Y si así vas a hacer tú conmigo, te ruego que me des muerte" (Nm 11:14-15). Estoy convencido de que muchos pastores han vivido momentos de amargura similares, quizás no hasta el extremo de desear la muerte, como le sucedió a Moisés, aunque quién sabe.

Liderar al pueblo de Dios, guiarlo hacia las metas contempladas en la visión de Dios, conlleva luchas y contrariedades, además de un cierto sentimiento ocasional de soledad. El siervo o la sierva de Dios han de desarrollar una capacidad de resistencia ante la adversidad amplia y suficiente, para no caer en el desaliento y la desesperanza. La solución que Dios le dio a Moisés fue que compartiera el liderazgo con setenta ancianos que le ayudarían a solventar los asuntos cotidianos según una jerarquía de prioridades, descargando a Moisés de los asuntos menores para poder así ocuparse él de los de mayor trascendencia. Una iglesia bien organizada ha sabido repartir funciones y responsabilidades de modo que quien la preside se dedique a liderar la iglesia de modo que los propósitos divinos sean alcanzados, siendo ayudado por un buen equipo ministerial que complemente su labor y abarque todas las áreas de ministerio necesarias a tal fin.

En este sentido, Stephen R. Covey menciona la *proactividad* como actitud habitual necesaria para ser efectivos. El término *proactivo* está de moda. Nos ha llegado procedente del inglés, del lenguaje de los negocios. "Significa que —dice Covey— como seres humanos, somos responsables de nuestras propias vidas. Nuestra conducta es una función de nuestras decisiones, no de nuestras condiciones. Podemos subordinar los sentimientos a los valores. Tenemos la iniciativa y la responsabilidad de hacer que las cosas sucedan".[43] Según él, podemos ser *reactivos* o *proactivos*. Los reactivos reaccionan frente a las circunstancias, según estas vengan dadas. Las personas proactivas "se dedican a las cosas con respecto a las cuales pueden hacer algo".

Hay diversos tipos de pastores, según la propia visión de cada cual. Algunos son *pastores de mantenimiento*, tipo capellanes, que entienden que su función es mantener la iglesia, atendiendo sus responsabilidades rutinarias, como predicar cada domingo, visitar a los enfermos, bautizar a los nuevos convertidos, casar, enterrar a los difuntos, etc. Son como capellanes de sus iglesias. Su visión no va más allá. Hacen, sin duda, una buena labor, puede que hasta magnífica. Otros son *pastores de paso*; entienden que su tiempo allí no debe sobrepasar los tres o cuatro años. Tal visión responde por lo general a una filosofía de ministerio basada, seguramente, en criterios más o menos objetivos. Es difícil así que una iglesia emprenda proyectos ambiciosos de crecimiento o expansión. Tal sistema, propicia también la existencia de grupos influyentes en las congregaciones que son quienes le dan la estabilidad y, por ende, la controlan o se creen en derecho de controlarla.

---

[43] *Los 7 hábitos de la gente altamente efectiva*, pp. 79-109.

Es diferente el caso de los *pastores que abren iglesias*, lo que supondría un ministerio de tipo apostólico, los cuales permanecen en las nuevas iglesias abiertas el tiempo necesario para «establecer ancianos» o líderes locales, pasando a abrir otras nuevas obras una vez logrados esos objetivos. Hay también *pastores de oportunidad*, para quienes pastorear una iglesia determinada no es más que un paso en su carrera para acceder a mejores posiciones ministeriales o a alguna oferta más sustanciosa desde el punto de vista económico o promocional. En este caso la estabilidad no está asegurada, pues en cuanto surja esa mejor oferta la iglesia se verá forzada a probar suerte con un nuevo pastor.

Personalmente, aparte del caso de fundadores de iglesias, me inclino por el modelo de *pastor de permanencia*, cuya visión es mantenerse en la iglesia el tiempo necesario para llevar a cabo el propósito de Dios y levantar un sucesor natural de entre los ministerios de la propia congregación. Es muy importante en este caso que el pastor sepa cuándo le toca pasar el testigo a la siguiente generación, porque el tiempo de pastorado tiene límites, como todo en esta vida, y que aferrarse a una posición más allá del tiempo fijado por Dios puede acarrear consecuencias negativas para el ministerio y para la iglesia. Hay que saber llegar, pero también hay que saber irse y transmitir un legado positivo a la siguiente generación. No creo que el ministerio pastoral deba ser vitalicio, en el sentido que, si Dios nos bendice con una larga vida, llega un momento cuando la edad hace sus estragos, perdemos fuerza y lucidez, indicando que también ha llegado el momento del relevo. Podemos permanecer en la iglesia, aportando nuestra experiencia a las nuevas generaciones, sabiendo respetar siempre la autonomía y responsabilidad de quien nos sustituya, pero permitiendo que alguien con más juventud y, por tanto, con más fuerzas y más cercanía generacional a la realidad de una membresía que forzosamente se renueva, siga adelante ampliando ese legado, tal como en su día sucedió con nosotros.

La labor de Pablo y Bernabé como misioneros fue establecer iglesias, pero no quedarse en ellas de forma permanente. El relato del Libro de los Hechos de los Apóstoles explica que, al finalizar su primer viaje misionero, "constituyeron ancianos en cada iglesia y, después de orar y de ayunar, los encomendaron al Señor en quien habían creído" (Hch 14:23). Como pastores, puede que no seamos misioneros y que nuestra estancia en la iglesia sea larga, siendo el Espíritu Santo quien ha de fijar los límites de esta estancia según su dirección y guía. Pero más tarde o más temprano tendremos que hacer lo mismo que hicieron Pablo y Bernabé: pasar el testigo a otros, para que la iglesia siga adelante.

¿Qué clase de líderes seremos entonces en tanto que pastores de nuestras iglesias? Es algo que tenemos que determinar cada uno de nosotros según la dirección del Señor, de acuerdo con el llamamiento y la visión que hayamos recibido de él. ¿Cuál es, pues, nuestra visión? ¿Tenemos realmente visión, o solo nos mueven el deseo y la imaginación? Porque estos no sustituyen en ninguna manera a aquella. La visión viene de la revelación; el deseo y la imaginación vienen de nosotros mismos, de nuestra idea personal de lo que somos o queremos ser. La visión viene de Dios; lo otro de nuestra naturaleza humana, falible cuando no torcida y defectuosa; y no olvidemos que esa visión o propósito divino para nuestro ministerio es «la regla» —el metro— por la que se nos medirá el día que hayamos de dar cuentas ante el Señor de la mies. El liderazgo espiritual no es un medio de alcanzar fama y reconocimiento, sino un destino divino abocado al servicio de la obra de Dios.

En su interesante obra *Liderazgo por Impulsión*, Julián Gutiérrez Conde, escribe:

Es impensable el líder sin una buena dosis de espiritualidad. Por eso su camino cada día parece más insuperable. Pero lejos de eludirlo o sentirse derrotado, lo afronta con humildad, paso a paso, paciencia, fortaleza y escucha. Y con su mirada fija en un firmamento donde reside el bien común.

Son precisamente esa fuerza y convicción para tender la mano a amigos y oponentes los que harán que se le juzgue y evalúe como grande, valioso y valeroso. Porque no teme la integración. Ni que otro líder le desbanque. Por el contrario, promueve el nacimiento y florecimiento de las mejores cualidades de las personas para que nuevos liderazgos broten y fructifiquen.[44]

---

[44] Liderazgo por Impulsión, p. 123.

Toda la obra de Gutiérrez Conde referenciada aquí respira una honda espiritualidad, siendo evidente que es una persona de profundas convicciones éticas y creyente. Su visión del liderazgo es profunda y edificante, desde el punto de vista cristiano, centrada en las personas y no en los fríos y deshumanizados resultados que imperan en nuestro mundo utilitarista actual.

CAPÍTULO 16

Delegando autoridad

En capítulos anteriores hemos hablado de liderazgo y de autoridad, lo que implica necesariamente hablar de delegar tanto una cosa como la otra. Los líderes tienen seguidores —sin ellos no hay liderazgo alguno— y al aumentar el número de estos y el proyecto común que los inspira y que es su razón de ser, es evidente que quien dirige y guía necesita estructurar el equipo, organizarlo para hacerlo eficiente y fuerte, repartiendo sabiamente responsabilidades puesto que él solo no podrá hacerlo todo y sobrevivir. Dice Gutiérrez Conde:

> Solo un grupo estructurado como equipo puede aportarnos una suma de energías y habilidades (…) Hay que compartir objetivos, atender necesidades internas individuales y colectivas, conseguir sentido de unidad y pertenencia (…) Un equipo es mucho más que la suma simple de unidades individuales, por genial que sea cada uno de ellos. Un equipo necesita adhesiones, contribuciones y generosidad. Pero es más que la suma de buenas voluntades. Precisa coordinación, versatilidad mediante el juego de roles y entusiasmo.[45]

---

[45] *Liderazgo por Impulso*, p. 256.

Es muy elocuente el ejemplo de Moisés que nos refiere el libro del Éxodo (Éx 18:13-26), ejemplo que todo el mundo conoce pero que no todo el mundo sabe o quiere aplicar. El pasaje nos muestra a un Moisés superado por los acontecimientos, atendiendo al pueblo «desde la mañana hasta la tarde», sin descanso, ocupado con las cargas y los problemas de la gente. ¿No se parece esto a la situación de muchos pastores y líderes del pueblo de Dios hoy? Lo peor es que frecuentemente pensamos que eso es lo correcto, tal como respondió Moisés a su suegro sorprendido: «Esto es "porque el pueblo viene a mí…"». La respuesta de Jetro muestra una gran sabiduría: "No está bien lo que haces. Desfallecerás del todo, tú y también este pueblo que está contigo, porque el trabajo es demasiado pesado para ti y no podrás hacerlo tú solo" (vv. 17-18).

No saber delegar es un error que muchos líderes cometen. "No está bien lo que haces…» No aceptar que el pastor delegue en otros determinadas funciones esperando que él lo haga todo, es un error que cometen algunas congregaciones o, como mínimo, muchos miembros de iglesia. No se sienten visitados si no es el pastor en persona quien les visita; o menosprecian a otros miembros del equipo pastoral o ministerial porque no es «su» pastor quien hace las cosas, quien predica o quien ministra. En la obra de Dios todos somos meros servidores, comenzando por quienes dirigen y terminando por el último de los fieles.

Jetro, por su experiencia de anciano y hombre sabio, mostró a Moisés cuál sería el resultado de persistir en tal error: "Desfallecerás del todo, tú y también este pueblo que está contigo" (v. 18). Por eso, en el próximo capítulo hablaremos de algunos de los peligros que acechan a los pastores, entre los que están el estrés y el desánimo; y tal situación en los pastores redunda en el desgaste y desánimo del pueblo. La razón es bien sencilla y, a la vez, contundente: "el trabajo es demasiado pesado para ti y no podrás hacerlo tú solo" (v. 18).

Hay quienes piensan que el trabajo pastoral consiste en predicar los domingos, dar algún culto entre semana y visitar a algunas personas. Ignoran el trasfondo de la vida pastoral y, sobre todo, lo que significa la responsabilidad de presidir la obra de Dios, pues, aunque las cargas las ha de llevar el Señor, es imposible para personas sensibles como han de ser los pastores, no llorar con los que lloran; que no son pocos en una iglesia; o como dice el mismo Pablo, "y además de otras cosas, lo que sobre mí se añade —o se agolpa; la presión o el estrés—cada día: la preocupación por todas las iglesias" (2 Co 11:28). Esa preocupación abarca muchas áreas de actuación: los colaboradores, los fieles en general, las finanzas, las actividades, las metas de la iglesia, la oposición de quienes contradicen, la familia, etc. No es poco. La labor pastoral no es una actividad unipersonal que uno pueda sobrellevar solo. En primer lugar, se comparte con el cónyuge e incluso con los hijos, quienes como poco, la sufren. A medida que la iglesia vaya creciendo, requerirá del concurso de muchos más. El consejo de Jetro se explicita en las siguientes palabras:

> *Preséntate* tú por el pueblo delante de Dios, y *somete* tú los asuntos a Dios. *Enséñales* los preceptos y las leyes, *muéstrales* el camino por donde deben andar y lo que han de hacer. Además *escoge* tú de entre todo el pueblo a hombres virtuosos, temerosos de Dios, hombres veraces, que aborrezcan la avaricia, y *ponlos* sobre el pueblo como jefes de mil, de cien, de cincuenta y de diez. Ellos juzgarán al pueblo en todo tiempo; todo asunto grave lo traerán a ti, y ellos juzgarán todo asunto pequeño. Así se aliviará tu carga, pues ellos la llevarán contigo. Si esto haces, y Dios te lo manda, tú podrás sostenerte, y también todo este pueblo irá en paz a su lugar. (Éx 18:19-23, énfasis mio).

El consejo del suegro de Moisés incluye una serie de verbos, es decir, de acciones a desarrollar en el tiempo: «preséntate, somete, enséñales, muéstrales, escoge y ponlos», que muestran la secuencia a seguir:

1. **Preséntate** ante Dios en lugar y a favor del pueblo: es la primera responsabilidad de quien lidera un equipo, de quien pastorea una iglesia; buscar a Dios, porque no podemos dar al rebaño lo que no hemos recibido de él, como bien nos recuerda Pedro: "Cada uno según el don que ha recibido, minístrelo a los otros, como buenos administradores de la multiforme gracia de Dios. Si alguno habla, hable conforme a las palabras de Dios; si alguno ministra, ministre conforme al poder que Dios da, para que en todo sea Dios glorificado por Jesucristo" (1 P 4:10-11).

2. **Somete** a Dios los asuntos: esto significa que hay que buscar la voluntad de Dios sobre los asuntos de la iglesia, que no basta pasarlos por nuestra mente y seguir nuestros criterios, o por los criterios de un comité o de la iglesia en pleno. ¿Qué piensa y qué dice Dios al respecto? ¿Cuál es la voluntad de Dios? No olvidemos nunca que, aunque proclamemos la «soberanía» de la iglesia local, esto es solo es una manera de hablar para entendernos en cuanto a no depender de una jerarquía humana en relación con el gobierno de la iglesia, pero aquí el único soberano es Dios mismo, por medio de Jesucristo, única cabeza de la iglesia como bien muestran los textos del Nuevo Testamento.

3. **Enséñales**: la enseñanza y la instrucción es tarea fundamental de los pastores que presiden una iglesia. El liderazgo bíblico pasa por la instrucción de quienes siguen al líder —o maestro— pues es la única manera de «saber» lo que hay que hacer, creer y esperar. Esto forma parte de la Gran Comisión: hacer discípulos —gente a quien instruir— y enseñarles las cosas que el Señor ha mandado. Los líderes solo pueden liderar eficientemente si son capaces de transmitir su visión, que en este caso ha de ser la visión de Dios. Por eso, a continuación, el consejo de Jetro es:

4. **Muéstrales** el camino a seguir y lo que han de hacer: esto es algo más que una enseñanza teórica a partir de una lección magistral; es aprender por medio del ejemplo, aprender haciendo. Los líderes van delante, pisando el terreno que han de pisar quienes les siguen. Delegar, por tanto, es instruir, capacitar, adiestrar en el uso de los recursos que Dios pone a nuestro alcance, aunque estos sean momentáneamente limitados. Liderar no es seducir a quienes nos siguen con ensueños ni utopías, manipulando a las personas con promesas que jamás podremos cumplir. Liderar es mostrar una visión que podemos demostrar que viene de Dios y que, por tanto, es realizable, aunque haya que utilizar la fe, pues la fe no es creer en utopías, sino en lo que Dios ha revelado.

5. **Escoge** tú de entre todo el pueblo: es ahora el momento de la «selección de personal». Jim Collins, en su *Good to Great*, recalca la importancia de tener a la persona correcta antes que el proyecto, lo que él llama «subir al autobús» a la gente idónea. No es fácil escoger y no equivocarse, pues muchas veces contamos

con lo que tenemos, y lo que tenemos no siempre nos parece lo mejor. El mismo Jetro reconoce que hay que establecer unos requisitos previos: "hombres virtuosos, temerosos de Dios, hombres veraces, que aborrezcan la avaricia" (v. 21). De nuevo, criterios espirituales. Los apóstoles pidieron a la iglesia de Jerusalén que buscaran "hombres de buen testimonio, llenos del Espíritu Santo y de sabiduría" (Hch 6:3). En ambos casos el texto bíblico hace referencia a «hombres» o «varones», porque era la realidad social de su tiempo, pero nosotros podemos perfectamente incluir a hombres y mujeres. Recordemos que no podemos excluir de la actividad espiritual y eclesiástica a media humanidad, y no solo porque en nuestro tiempo la valía de ambos sexos esté más que demostrada y aceptada, sino también porque no es bíblico. Hay, pues, requisitos, para quienes han de ser establecidos en liderazgo y autoridad en cualquier nivel, y estos requisitos no pueden ser los meramente técnicos. Por ejemplo, podemos tener un excelente músico, de nivel profesional; pero si su vida no se ajusta a estos niveles éticos y espirituales, no por ser músico ha de estar en el grupo que ministra en la alabanza.

6. **Ponlos** sobre el pueblo: esto implica oficialidad, es decir, un nombramiento público y reconocido. La delegación de funciones y de autoridad ha de hacerse de manera oficial, para que todos sepan a qué atenerse, tanto los reconocidos, en quienes se delega, y aquellos a quienes estos han de servir. Pablo instó a Timoteo a «establecer ancianos» en cada ciudad, tal como él mismo lo hacía. En el capítulo seis del Libro de los Hechos, como acabamos de ver, los apóstoles solicitan de la congregación de Jerusalén que busquen entre ellos a personas a quienes poder «encargar» la tarea de atender la obra social de la iglesia. Cuando se encarga una tarea a alguien, se está delegando en la persona una legitimidad para hacer lo que se le pide, una autoridad y, por tanto, una responsabilidad. Ponerla es establecerla como tal, en forma real y efectiva. ¿Qué quiero decir? Que si se delega, se delega; la persona que ha recibido la delegación ha recibido una descripción de funciones lo suficientemente clara como para poder llevarla a cabo eficientemente, con la capacidad o autoridad suficiente, de la que es responsable y habrá de dar cuenta.

Delegar no es fácil, pues requiere confianza en la persona en la que se delega, a la que hay que otorgar un margen para realizar su trabajo con libertad y responsabilidad. Al mismo tiempo, quien actúa con autoridad delegada ha de ser capaz de dar cuentas de su responsabilidad, que se llama así por cuanto ha de responder de ella. Delegar no es abdicar. Cuando se delega no se abandona la tarea en manos de otro, simplemente se le transfiere la capacidad de obrar para alcanzar un fin, lo que incluye autoridad legítima y recursos suficientes. En una iglesia, el ministerio se lleva a efecto en forma colegiada, trabajando en equipo bajo la dirección de quien preside. Los diferentes miembros del equipo desarrollan cada uno una labor que le ha sido asignada por delegación y, todos juntos, sumando sus esfuerzos en forma coordinada, logran alcanzar los objetivos propuestos que se derivan de la visión única de la iglesia. Efesios 4:16 dice: "Cristo, de quien todo el cuerpo, bien concertado y unido entre sí por todas las coyunturas que se ayudan mutuamente, según la actividad propia de cada miembro, recibe su crecimiento para ir edificándose en amor".

El suegro de Moisés concluye exponiéndole los resultados que obtendría si hacía caso de su consejo:

1. **"Se aliviará tu carga,** pues ellos la llevarán contigo": ¿No es eso lo que la mayoría de los pastores anhela: verse descargados de aquella parte del ministerio que los agobia? Trabajar con personas, las relaciones humanas, produce un desgaste emocional y psíquico extraordinario, lo que repercute a su vez sobre su salud física, sobre todo cuando se trata de intentar satisfacer a todo un pueblo. Recordemos las tensiones a las que se vio sometido Moisés durante todo el tiempo de peregrinación por el desierto al frente de un pueblo contradictor, mediando entre este, de dura cerviz, y Dios. Hasta sus propios hermanos, Aarón y María, se levantaron contra él. Cuando se delegan las cargas, el peso se reparte, como sucede cuando se comparten las decisiones.

2. **"Tú podrás sostenerte":** es la única manera de no romperse por el camino, sucumbiendo bajo la presión de la enorme

responsabilidad de liderar el pueblo de Dios, presa del desánimo y la amargura o, incluso, el quebranto físico. Hay que pensar que el ministerio es una carrera de fondo, que hay que correr sabiendo medir las fuerzas para no caer agotados y abandonar prematuramente. Acordémonos de Juan Marcos, el sobrino de Bernabé, que abandonó a su tío y a Pablo en medio de su primer viaje misionero. Sin duda no estaba preparado para un desafío de aquel calibre; no soportó la presión. Como Marcos en aquel momento, muchos no aguantan y abandonan. Marcos tuvo una segunda oportunidad, por lo que nos revelan las Escrituras, pero ¿la tendremos nosotros? Personalmente creo que siempre hay segundas y terceras oportunidades, pero también conozco casos, y no son escasos, que nunca más retomaron su llamamiento, o ¿acaso no fue tal?

3. **El pueblo alcanzará sus objetivos:** "todo este pueblo irá en paz a su lugar", que no era otro sino la Tierra Prometida, la meta marcada por Dios. Liderar es guiar al pueblo de Dios a cumplir el propósito de Dios, su voluntad. Delegar es hacerlo posible, asegurando la supervivencia del liderazgo y, por tanto, del conjunto del pueblo y del proyecto divino.

A la hora de delegar en la iglesia hemos de tener en cuenta la enseñanza neotestamentaria, pues se delega con entendimiento, según criterios espirituales, como hemos visto: "Hay diversidad de dones, pero el Espíritu es el mismo. Y hay diversidad de ministerios, pero el Señor es el mismo. Y hay diversidad de actividades, pero Dios, que hace todas las cosas en todos, es el mismo. Pero a cada uno le es dada la manifestación del Espíritu para el bien de todos. (1 Co 12:4-7). Aquí se habla de *dones*, (Gr. χαρισμάτων, *jarismaton*); de *ministerios* o servicios (Gr. διακονιῶν, *diakonion*), y de *actividades* (Gr. ἐνεργημάτων, *energematon*), siendo esta última palabra la más problemática, por las distintas posibilidades de traducción y la propia ambigüedad del término: RV60 traduce «operaciones» y DHH «poderes para actuar». Después se habla de manifestación del Espíritu (Gr. φανέρωσις, *fanerosis*), algo que se hace patente y público.

El ministerio, o como lo expone Efesios 4:12, «la obra del ministerio», es una tarea colectiva, pero estructurada y organizada, como corresponde a un organismo vivo en el que cada miembro ocupa su lugar. "De la manera que en un cuerpo tenemos muchos miembros, pero *no todos los miembros tienen la misma función*, así nosotros, siendo muchos, somos un cuerpo en Cristo, y todos miembros los unos de los otros. Tenemos, pues, diferentes dones, *según* la gracia que nos es dada…" (Ro 12:4-6, énfasis mío). Una iglesia tiene quien la presida, aun entendiendo que su única cabeza es Cristo, y presidir es uno de los dones o carismas que otorga el Espíritu Santo; tiene también maestros y profetas, y diferentes funciones espirituales, todas ellas contribuyentes «al bien de todos», a «la edificación del cuerpo de Cristo». Cada uno de los creyentes, de acuerdo con sus capacidades y nivel de crecimiento y responsabilidad, recibe por delegación alguna autoridad que le capacita para «operar» o «actuar» dentro de la unidad del Espíritu y la variedad de nuestros dones y capacidades. Y según el poder de Dios.

Trabajar en equipo requiere que sus componentes sean maduros, capaces de ejercer entre sí confianza, respeto y lealtad.

1. **Confianza:** no puede haber delegación de funciones ni, por consiguiente, capacidad de trabajo en equipo si quien delega no confía en los delegados y estos no confían en quien delega. La confianza, a su vez, implica *fidelidad*; es decir, respuesta correcta y veraz al encargo recibido: cumplir con la misión y a la visión como Pablo declaró serlo ante el rey Agripa. La confianza no es un cheque en blanco para hacer uno lo que se le antoje, llevando a efecto la propia visión de las cosas y no la encomendada. Cuando se trabaja en equipo, con autoridad delegada, se lleva a efecto la agenda común acordada, no la propia.

2. **Respeto:** al ser varios quienes componen el equipo y tener cada uno una función específica y diferenciada, es imprescindible que cada cual ocupe su lugar, asumiendo su responsabilidad y respetando la posición y autoridad de los demás, sin usurpar, suplantar o solapar la responsabilidad de los otros. No es fácil, pero es posible y necesario. Quien preside ha de ser respetado por sus colaboradores, quienes han de saber cuál es su sitio; y estos han de ser respetados por quien preside, dándoles también su lugar y no entrometiéndose innecesariamente en su trabajo, del que ciertamente habrán de dar cuentas. Supervisar —derecho de

quien delega– no significa intromisión, control o desconfianza. Si no se confía, no se delega; y si se delega, se confía y se respeta el ámbito otorgado. Cuando llega el momento de evaluar y de comprobar el nivel de cumplimiento, se solicita el balance de actuación y se premia o se reprueba el resultado, tal como nos enseña la parábola de los talentos.

3. **Lealtad:** lealtad no es lo mismo que fidelidad, aunque pudieran parecer palabras sinónimas. Evidentemente, la lealtad implica fidelidad, pero va más allá. La lealtad es lo contrario a la traición. Las personas leales no intrigan, no socaban la autoridad de los demás con la crítica o la murmuración, no chantajean. Aarón y María fueron desleales con su hermano Moisés cuando "hablaron contra Moisés a causa de la mujer cusita que había tomado (…) Decían: «¿Solamente por Moisés ha hablado Jehová? ¿No ha hablado también por nosotros?»" (Nm 12:1-2). La lealtad implica amor; ese amor capaz de «cubrir las faltas», cosa muy distinta a ser cómplice de pecados ajenos. La lealtad corrige en secreto, con prudencia y con delicadez, respetando los principios bíblicos, con el único fin de restaurar. "La lealtad en el equipo —escribe Gutiérrez Conde— es un valor imprescindible y fundamental. Pero la lealtad no es solo obediencia y disciplina; es un sentimiento de valor. No es decir lo que quiere escuchar el líder sino poder decir hasta lo que no gusta oír pero es necesario escuchar para conformar algo mejor".[46]

Pero una cosa es hablar cuando, donde y como se debe, como parte del equipo o incluso desde fuera de él, y otra muy diferente es hacerlo con el único fin de desacreditar y tirar por tierra la labor de los demás.

Esos que se erigen a sí mismos en «defensores de la fe», denigrando —denunciando, dicen ellos[47]— a otros por sus supuestas faltas, no siguen las enseñanzas del evangelio. La calumnia es una mentira elaborada conscientemente con el fin de destruir a la persona o institución contra quien va dirigida.

---

[46] *Liderazgo por Impulsión*, p.257.

[47] Como aquellos que perseguían a Jeremías gritando «¡Denunciadlo, denunciémoslo!», esperando que cayera porque no les gustaba su mensaje (Jer 20:10).

Desafortunadamente, la tecnología moderna facilita su difusión por medio de las redes sociales a personas que no tendrían la más mínima relevancia social y que, por tanto, se valen de estas nuevas facilidades para extender su veneno. Pero la difamación, que también es pecado, se suele basar en verdades, medias verdades, o simples errores de apreciación, como sucedió con Aarón y a María, que se sirvieron de la situación de su hermano en relación con su esposa como excusa o coartada para murmurar contra él. La difamación es una acción diabólica, como la calumnia, para destruir la credibilidad de una persona o institución que pueden haber errado, pero a quien no se le da opción de explicar o a corregir el posible error. Se extiende con un fin maléfico. Muchos de estos supuestos «defensores» o adalides de la «ortodoxia» en realidad están investidos de pura soberbia, el peor de los pecados. Arremeten sin pensarlo contra todo aquel o aquello que no se atiene estrictamente a su regla de medir, sin darse cuenta que aquí el único que mide es Dios, porque es el único que tiene el metro perfecto y que, además, mide con justicia, verdad y misericordia. Ya lo dijo David, que prefería caer en las manos de Dios que en las de los hombres. La lealtad supone, pues, que se sabe actuar en amor y con «caridad», palabra que parece haber desaparecido de nuestro vocabulario cristiano a favor de la más ambigua y equívoca, «amor».

CAPÍTULO 17

Los peligros del ministerio

Ante este encabezamiento, cabe preguntarse: ¿Es peligroso el ministerio? ¿Es la de pastor una profesión —vista así, humanamente— de riesgo? Ciertamente, en algunos lugares del globo terráqueo puede ser peligroso para la integridad física de las personas ejercer el ministerio pastoral o cualquier otro que implique liderazgo en el pueblo de Dios, pues donde falta la libertad y el pueblo de Dios es perseguido, quienes dirigen, son objetivo prioritario de las fuerzas represoras. Pero hablamos aquí de los peligros y los riesgos espirituales derivados del ejercicio del ministerio, sobre los que podemos incidir. Aquellos otros, forman parte del "contrato".

Cuando el apóstol Pedro escribe a Timoteo sobre los requisitos que han de reunir los pastores que presiden las iglesias, demanda "que no sea un neófito, no sea que envaneciéndose caiga en la condenación del diablo". A continuación, explica también que "es necesario que tenga buen testimonio de los de afuera, para que no caiga en descrédito y en lazo del diablo" (1 Ti 3:6-7). Ambos requisitos son importantes: no ser un neófito, como ya se ha explicado anteriormente, y tener un buen testimonio, porque, tanto en el caso de ser demasiado nuevo en la fe, lo que se traduce en carecer de la madurez espiritual necesaria, de la base bíblica adecuada y de la firmeza que da el crecimiento cristiano, el peligro es caer en "condenación del diablo", es decir, aquello por lo que

Lucifer fue arrojado de la presencia de Dios, y que no es otra cosa que la soberbia, origen de todos los pecados. En el segundo caso, si el testimonio ante los de fuera es dudoso, el peligro es el descrédito, la falta de credibilidad, y toda clase de enredos promovidos por el mismísimo Satanás a fin de desbaratar toda posibilidad de éxito en la labor del tal ministro. Los peligros son, pues, reales.

Pedro amonesta igualmente a todo creyente, "sed sobrios y velad, porque vuestro adversario el diablo, como león rugiente, anda alrededor buscando a quien devorar. Resistidlo firmes en la fe" (1P 5:8-9), lo que quiere decir que el cristiano, sea o no pastor o ministro, está en peligro frente a los ataques de Satanás. Pero no cabe duda de que los pastores y líderes somos objetivo preferente de los ataques del enemigo porque, como dijo Jesús citando al profeta Zacarías, "Heriré al pastor, y las ovejas del rebaño serán dispersadas" (Mt 26:31). En caso de caída pastoral, los creyentes maduros podrán superar la situación con la ayuda de Dios, pero muchos otros no tan maduros quedarán escandalizados, llegando incluso a abandonar la fe, en la que todavía no estaban bien fundamentados. Jesús dijo: "Imposible es que no vengan tropiezos, pero, ¡ay de aquel por quien vienen! (...) Mirad por vosotros mismos" (Lc 17:1-3). Son palabras de advertencia y juicio.

La realidad nos sobrecoge ante el hecho de pastores derrotados, ellos o ellas, esposos o esposas, por razones diversas. Entre las causas del fracaso pastoral podemos mencionar las siguientes:

1. **Pecado:** esta es la más dramática de todas, pues ofende y deshonra a Dios, y suele acarrear la ruina de quien cae en pecado y, por tanto, es culpable, a la vez que la familia, víctima inocente, sufre daños muchas veces irreparables. Y no son ellos los únicos en sufrir, pues la iglesia también lo hace con consecuencias muchas veces desastrosas.

   Se puede abordar este tema desde distintas perspectivas, pero normalmente, lo primero que se hace es aplicar las normas disciplinarias para apartar, si así lo exige la gravedad de su acción, a quien cae de sus responsabilidades pastorales o ministeriales. La actuación disciplinaria requiere un nivel espiritual muy alto en quienes la aplican. La recomendación de Pablo es: "Hermanos, si alguno es sorprendido en alguna falta —esto incluye a los pastores— vosotros que sois espirituales, restauradlo con espíritu de mansedumbre, considerándote a ti mismo, no sea que tú también seas tentado. Sobrellevad los unos las cargas de los otros, y cumplid así la ley de Cristo" (Gl 6:1-2). Es bastante común, por desgracia, actuar con radicalidad frente a la falta —lo cual puede ser absolutamente necesario—, pero desatender a la parte inocente, haciéndola sufrir injustamente las consecuencias prácticas de la disciplina. Es ahí donde hace falta una gran sensibilidad y madurez de parte de quienes están obligados a aplicar la disciplina.

¿Cómo protegerse, si es que puede hacerse, contra este peligro tan real y tantas veces repetido en la vida de los pastores y ministros del evangelio? La palabra de Dios nos da respuestas al respecto. El apóstol Pablo aconseja con ternura a su discípulo Timoteo diciéndole, "*Sé ejemplo* de los creyentes en palabra, conducta, amor, espíritu, fe y pureza (…) *ocúpate* en la lectura (…) *no descuides* el don que hay en ti (…) *ocúpate* en estas cosas; permanece en ellas (…) *ten cuidado* de ti mismo y de la doctrina; *persiste* en ello, pues haciendo esto te salvarás a ti mismo y a los que te escuchen" (1 Ti 4:12-16, énfasis mío). Si nos guardamos y adquirimos hábitos de vida y de ministerio saludables que nos preserven de la caída, Dios, en su misericordia, nos guardará y nos protegerá de ellas. El mejor seguro es "el temor de Dios", y guardarnos de las soberbias que son las que llevan a la "gran rebelión" (Sal 19:12-13).

2. **Estrés:** esta palabra introducida en nuestro vocabulario procedente del inglés (*stress*), y que tiene que ver con la presión o la tensión causadas sobre nuestra propia fragilidad humana por las circunstancias que nos rodean, que afectan a nuestra salud física, al sistema nervioso o a nuestro equilibrio emocional, es una enfermedad muy propia de nuestro tiempo, debido al ritmo de vida acelerado y a las exigencias extremas de la vida moderna. Vivir en medio de una sociedad de consumo, de competencia, de exigencia continua, que afecta también a la vida eclesiástica y espiritual, hace que los pastores también suframos esta dolencia. Especialmente en el medio urbano, la vida tranquila y plácida de antaño se ha perdido. El horario nos persigue; los resultados

inmediatos y el éxito obligatorio nos marcan la pauta de cada día. Hemos olvidado las palabras dirigidas por el mismo Dios a su pueblo Israel, "en la quietud y en confianza estará vuestra fortaleza" (Is 30:15). Proclamamos nuestra fe, pero vivimos en tensión, intentando hacer por nosotros mismos lo que le toca hacer al Espíritu Santo. Quietud y confianza no son indolencia ni pasividad. Significan trabajar pausadamente, confiando en Dios; y para confiar en Dios hace falta conocerle bien y conocer sus pensamientos respecto a nosotros. Quizá nos convenga recordar las palabras de Dios a Jeremías: "Porque yo sé los pensamientos que tengo acerca de vosotros, dice Jehová, pensamientos de paz y no de mal, para daros el fin que esperáis" (Jr 29:11-13).

Como pastores deseamos lo mejor para nuestra iglesia y para la obra de Dios en nuestro país; eso es lo que esperamos, lo que anhelamos con todas nuestras fuerzas. Pero no podemos producirlo por nosotros mismos, no podemos crear el avivamiento de manera artificial, porque tal cosa solo viene de Dios por medio de la acción de su Espíritu Santo. Esa expectación y deseo puede ser causa de estrés, pues nos volcamos en producir actividades, en probar métodos, en multiplicar eventos, en acudir a convocatorias, etc. que, a la larga, no producen ninguno de los efectos que ansiábamos, porque se mueven, en buena medida, al margen de los tiempos de Dios, pero nos agotan y agotan a aquellos a quienes servimos. No podemos convertir a nuestras iglesias en laboratorios en los que probar toda clase de estrategias y métodos a fin de obtener unos resultados que, a fin de cuentas, están en cierta medida motivados por el deseo de aumentar nuestro propio prestigio personal, aunque supuestamente los reclamemos para la gloria de Dios.

El antídoto contra ese estrés pastoral lo tenemos en las palabras del apóstol Pablo para los creyentes de Filipos: "Por nada estéis angustiados [afanosos, preocupados o llenos de ansiedad], sino sean conocidas vuestras peticiones delante de Dios en toda oración y ruego, con acción de gracias. Y la paz de Dios, que sobrepasa todo entendimiento, guardará vuestros corazones y vuestros pensamientos en Cristo Jesús" (Fl 4:67). Toda una garantía para nuestro equilibrio físico, mental, emocional y espiritual: saber vivir en la paz de Dios, el *Shalom* bíblico, tal como la expresó Jesús a sus discípulos: "La paz os dejo, mi paz os doy; yo no os la doy como el mundo la da. No se turbe vuestro corazón ni tenga miedo" (Jn 14:27).

3. **Desánimo:** el desánimo es un peligro que acecha oculto, dispuesto a hundir al creyente, cualquiera que sea su nivel de crecimiento o madurez espiritual, pero que ataca en buena medida a quienes ejercen el ministerio y especialmente a los pastores. Difiere del estrés, porque este es una incapacidad para actuar que nos supera y que en muchas ocasiones tiene hasta repercusiones fisiológicas inesperadas. El desánimo es el desaliento —la falta de aire para respirar y seguir con la lucha— el desmayo. La Carta a los Hebreos nos alerta contra este mal: "Que vuestro ánimo no se canse hasta desmayar" (He 12:3). Son numerosas las veces que en los salmos se muestra el desmayo del salmista; y en los profetas, además de la necesaria amonestación, a los anuncios de juicio por causa de la desobediencia y la rebelión del pueblo seguían las palabras de ánimo y las promesas de restauración, como las del profeta Isaías: "No temas, porque yo estoy contigo; no desmayes, porque yo soy tu Dios que te esfuerzo; siempre te ayudaré, siempre te sustentaré con la diestra de mi justicia" (Is 41:10); o el texto tan conocido: "Él da esfuerzo al cansado y multiplica las fuerzas al que no tiene ningunas. Los muchachos se fatigan y se cansan, los jóvenes flaquean y caen; mas los que esperan en Jehová tendrán nuevas fuerzas, levantarán alas como las águilas, correrán y no se cansarán, caminarán y no se fatigarán" (Is 40:29-31). El desánimo es cansancio, es fatiga, hartura, que decimos en Andalucía, y aunque los textos bíblicos son promesas divinas, es fácil caer en él. En realidad, es una falta de fe, de confianza en Dios.

Nos desanima ver que la gente a quienes servimos no siempre responde como nos gustaría, es decir, consagrándose más al Señor, creciendo en la fe, siendo más responsables, más espirituales, etc. que predicamos, y predicamos, y predicamos, y aunque la gente nos dice que les gusta lo que oyen, la reacción espiritual parece ser escasa. Nos desanimamos porque nos olvidamos de que la obra en los corazones la hace Dios y no nosotros, ni son nuestros «buenísimos sermones» los que logran los resultados, sino la palabra de Dios, que nunca vuelve vacía, «sino que hace lo que él quiere». Hace tiempo que yo ya no me preocupo tanto, porque ahora sé que es así, y que «la paciencia nos es necesaria». El trabajo pastoral es a medio y largo plazo, por eso hay que gastar años en una congregación para ver obtener determinados resultados.

Hay pastores que se desaniman porque después de años no llegan a ver lo que Dios está haciendo a su alrededor, porque se comparan con otros pastores o a sus iglesias con otras en donde Dios está obrando de manera más notoria o espectacular. Cada iglesia es un proyecto único de Dios y cada lugar posee características únicas e irrepetibles. No ver lo que Dios hace de acuerdo con nuestra medida, produce frustración. No olvidemos que Dios nos juzgará conforme a nuestra medida, no conforme a la de otros.

El desánimo puede llegar por muchas otras razones: falta de economía, problemas en el hogar, sea con el cónyuge o con los hijos, cansancio físico, etc. pero se soluciona acudiendo a la fuente de todo poder. Pablo recomienda: "Por lo demás, hermanos míos, fortaleceos en el Señor y en su fuerza poderosa. Vestíos de toda la armadura de Dios, para que podáis estar firmes contra las asechanzas del diablo" (Ef 6:10-11). El diablo acecha, y su principal objetivo son los pastores.

Hemos de decir también que el cansancio se combate dosificando las fuerzas, como hacen los corredores de fondo, y reponiéndolas, con descanso, buena alimentación y una vida equilibrada y ordenada. No tenemos por qué estar en todos lados, ni acudir a todos los congresos, retiros, talleres, eventos, etc. Hemos de precavernos contra el activismo y aprender a descansar —confieso que en demasiadas ocasiones he fallado aquí. La obra de Dios no depende de nosotros, sino de Dios. Lo que se requiere de nosotros es que seamos fieles, no que empujemos, resoplemos y nos volvamos neuróticos para que avance y crezca. No olvidemos la parábola de Jesús sobre el grano: "Así es el reino de Dios, como cuando un hombre echa semilla en la tierra. Duerma y vele, de noche y de día, la semilla brota y crece sin que él sepa cómo, porque de por sí lleva fruto la tierra: primero hierba, luego espiga, después grano lleno en la espiga; y cuando el fruto está maduro, en seguida se mete la hoz, porque la siega ha llegado". (Mr 4:26-29). No depende de nuestra «actividad», o mejor dicho, de nuestro «activismo», sino de la obra secreta de Dios; y además sigue un proceso que no podemos acelerar. Respetar los tiempos de Dios es clave en todo esto: ni más rápido, ni más lento; a su ritmo, y este lo marca Dios.

4. **Amargura:** este es un fruto normalmente tardío, pero muy dañino, que brota con los años como resultado de múltiples experiencias negativas que, si no las superamos a tiempo, van echando raíces amargas en nuestras vidas para brotar más tarde con toda su fuerza. La palabra de Dios nos advierte contra este peligro: "Mirad bien, para que ninguno deje de alcanzar la gracia de Dios, y para que no brote ninguna raíz de amargura que os perturbe y contamine a muchos" (He 12:15). Para mantener el alma sana hay que rechazar y eliminar de nuestro corazón todo resentimiento, la falta de perdón, la inquina y el odio. Las relaciones humanas son difíciles y conflictivas de por sí, y si no sabemos gestionarlas convenientemente van dejando un poso amargo y tóxico que acaba por envenenarnos. La palabra de Dios no deja de amonestarnos al respecto:

> Vestíos, pues, como escogidos de Dios, santos y amados, de entrañable misericordia, de bondad, de humildad, de mansedumbre, de paciencia. Soportaos unos a otros y perdonaos unos a otros, si alguno tiene queja contra otro. De la manera que Cristo os perdonó, así también hacedlo vosotros. Sobre todo, vestíos de amor, que es el vínculo perfecto. Y la paz de Dios gobierne en vuestros corazones, a la que asimismo fuisteis llamados en un solo cuerpo. Y sed agradecidos. La palabra de Cristo habite en abundancia en vosotros. Enseñaos y exhortaos unos a otros con toda sabiduría. Cantad con gracia en vuestros corazones al Señor, con salmos, himnos y cánticos espirituales. Y todo lo que hacéis, sea de palabra o de hecho, hacedlo todo en el nombre del Señor Jesús, dando gracias a Dios Padre por medio de él. (Col 3:12-17).

Este fragmento de la Carta a los Colosenses es todo un compendio de ciencia relacional. Nos recuerda, en primer lugar, lo que somos en Cristo Jesús: escogidos, santos y amados. Todo lo que sigue es consecuencia de esa realidad extraordinaria. Nos pide a continuación que desarrollemos en nosotros las virtudes que harán que nuestras relaciones sean correctas y enriquecedoras: la misericordia nacida de lo más profundo de nuestro ser; la bondad, la humildad, la mansedumbre, la paciencia, etc. Pasa después a solicitar de nosotros actitudes activas: soportar, perdonar, amar, porque el amor es lo que nos une en Cristo. No se puede vivir la vida cristiana sin estas actitudes. Son frutos del Espíritu. Nos recuerda también el efecto beneficioso que la paz de Dios ejerce sobre nuestros corazones —esta paz contrarresta la amargura— y la gratitud. Por último, nos muestra qué prácticas pueden ayudarnos a mantener nuestro equilibrio espiritual y emocional: la lectura de la palabra de Dios, la alabanza, el que nuestros actos puedan ser respaldados por el Señor y la acción de gracias.

Todo esto nos concierne de manera especial a los pastores, porque nuestro trabajo se centra en personas y las personas son cambiantes; a veces, caprichosas; con demasiada frecuencia, desagradecidas. Según las circunstancias y el momento en que se encuentren, bajo condiciones emocionales adversas, pueden llegar a ser desagradables, ofensivas, desleales, etc. Existen todas las posibilidades. Hace algunos años escribí un artículo para la revista Fiel titulado «Cómo ser pastor y no ser un amargado»: esta es una posibilidad y, para algunos, una realidad, porque llega un momento cuando todo lo dicho anteriormente que podemos esperar de las personas nos afecta y llega a indignarnos, sobre todo cuando la injusticia es palpable y manifiesta. Pero nuestra reacción ha de ser otra, tal como recomienda el apóstol Pablo en otro texto lleno de sabiduría e inspiración acerca de las relaciones entre personas, especialmente si se trata de creyentes:

Vestíos del nuevo hombre, creado según Dios en la justicia y santidad de la verdad. Por eso, desechando la mentira, hablad verdad cada uno con su prójimo, porque somos miembros los unos de los otros. Airaos, pero no pequéis; no se ponga el sol sobre vuestro enojo, ni deis lugar al diablo (...) Ninguna palabra corrompida salga de vuestra boca, sino la que sea buena para la necesaria edificación, a fin de dar gracia a los oyentes. Y no entristezcáis al Espíritu Santo de Dios, con el cual fuisteis sellados para el día de la redención. Quítense de vosotros toda amargura, enojo, ira, gritería, maledicencia y toda malicia. Antes sed bondadosos unos con otros, misericordiosos, perdonándoos unos a otros, como Dios también os perdonó a vosotros en Cristo. (Ef 4:24-32).

Las relaciones humanas sanas se fundamentan en la verdad. La mentira, la ocultación, el fingimiento, etc. contribuyen a crear barreras y desconfianzas, produciendo agravios y desavenencias entre hermanos, cuando somos parte los unos de los otros, como miembros del cuerpo de Cristo. Parece que hay lugar para el enfado, para la indignación ante la ofensa, pero la palabra nos pone sobre aviso de los peligros que eso conlleva cuando dice «airaos, pero no pequéis», porque la línea roja que separa el enojo momentáneo del pecado es muy fina y no siempre perceptible. Por eso añade, además, que tal reacción emocional no ha de prolongarse más allá de «la puesta de sol», es decir, del mismo día en que se produce. Prolongar una situación de enfado o de conflicto sin resolver más allá de ese tiempo es «dar lugar al diablo», proporcionarle una oportunidad para conseguir que el enfado o la indignación se conviertan en amargura y, andando el tiempo, la amargura produzca sus frutos tóxicos de resentimiento, pudiendo llegar al rechazo hacia la o las personas o incluso al odio. Queda patente, después, la importancia que en todo este tipo de situaciones tiene el lenguaje, partiendo de las mismas palabras con su significado, siguiendo con la forma como son dichas y abarcando sus intenciones que las motivan. Nuestras reacciones desabridas, los conflictos entre hermanos, las más de las veces por malos entendidos o por hablar de más, sin duda entristecen al Espíritu Santo. Por eso Santiago advierte:

Todos ofendemos muchas veces. Si alguno no ofende de palabra, es una persona perfecta (…) la lengua es un miembro pequeño, pero se jacta de grandes cosas. He aquí, ¡cuán grande bosque enciende un pequeño fuego! Y la lengua es un fuego, un mundo de maldad (…) un mal que no puede ser refrenado, llena de veneno mortal. Con ella bendecimos al Dios y Padre y con ella maldecimos a los hombres, que están hechos a la semejanza de Dios. De una misma boca proceden bendición y maldición. Hermanos míos, esto no debe ser así. (St 3:2-10).

La amargura se alimenta de palabras, de agravios, de traiciones y maledicencias, de frustraciones y desengaños, etc. No permitamos que las malas experiencias nos venzan y nos derroten; combatámoslas con la bondad, con la misericordia, con el perdón genuino, teniendo siempre en cuenta que "A su alma hace bien el hombre misericordioso, pero el cruel se atormenta a sí mismo" (Pr 11:17). Estas virtudes cristianas garantizan nuestra salud emocional y espiritual. No bebamos el tóxico elixir del resentimiento y del rencor, pues, aunque aparentemente dulce al principio, mientras alimenta los deseos de venganza, acaba pudriendo el alma y, en nuestro caso, destruyendo el ministerio.

5. **Profesionalismo:** primero aclaremos, ¿qué entendemos por profesionalismo cuando hablamos del ministerio pastoral? ¿Qué diferencia hay entre ser una persona profesional o caer en el profesionalismo? Entramos en un terreno de debate y discusión, sin duda, pues hemos de diferenciar la *profesionalidad* exigible a cualquier persona que ejerce una determinada actividad —incluida la pastoral— por la que es reconocida y remunerada, del *profesionalismo* que, de por sí, ya es una deformación de aquella, pues la relega al nivel de pura oportunidad de la que obtener un beneficio propio sin tener en cuenta a los beneficiarios finales, que deben ser las almas. Pablo no habla en vano cuando escribe a Timoteo acerca de los requisitos de quienes han de ejercer el ministerio pastoral y los ministros en general, exigiendo "que no sea codicioso de ganancias deshonestas (…) no avaro" (1 Ti 3:3,8). Lo mismo le pide a Tito (Tit 1:7). Profesionalismo es cuando

uno entiende el ministerio como un medio de promoción personal y de beneficio propio, de prestigio social —allá donde tal cosa sea posible. Pablo advierte, en su carta más íntima de cuantas escribió, la dirigida a los creyentes de la iglesia de Filipos, "algunos, a la verdad, predican a Cristo por envidia y rivalidad; pero otros lo hacen de buena voluntad. Los unos anuncian a Cristo por rivalidad, no sinceramente (…) pero los otros por amor" (Fi 1:15-17), texto en el que tenemos la clave que nos hace ver la diferencia entre el profesionalismo y la profesionalidad: las motivaciones. El profesionalismo se alimenta de ambición personal, de rivalidad, de espíritu competitivo, para ser el primero o el mejor, la persona clave. La profesionalidad lleva a los pastores a dedicarse a la obra de Dios de buena voluntad, por amor, ese amor de Dios que nos «constriñe», nos impulsa o nos inspira (2 Co 5:14).

El profesionalismo entiende la labor pastoral como un trabajo que se rige por principios comunes a las demás actividades humanas y busca las mejores oportunidades para promocionarse uno mismo, lo que, desde un punto de vista meramente humano es natural; pero el profesional entiende esa labor como un servicio a favor de los demás y busca la gloria de Dios y el beneficio de su obra. Pablo, en esta carta, elogia a su discípulo Timoteo, escribiendo: "porque no tengo a ningún otro que comparta mis sentimientos y que tan sinceramente se interese por vosotros, pues todos buscan sus propios intereses y no los de Cristo Jesús. Pero ya conocéis los méritos de él, que como hijo a padre ha servido conmigo en el evangelio" (Fi 2:20-22). También elogia a Epafrodito, otro de sus colaboradores, pidiéndoles a los filipenses: "tened en estima a los que son como él, porque por la obra de Cristo estuvo próximo a la muerte, exponiendo su vida para suplir lo que os faltaba en vuestro servicio por mí" (Fi 2:29-30). ¿Dónde entonces están puestos mis intereses? ¿en mí mismo y, como muchas veces torpemente expresamos cuando decimos, «mi ministerio», o en la obra de Dios? Hacemos bien en analizar con espíritu crítico nuestras verdaderas motivaciones personales a la hora de servir al Señor.

Hacer nuestro trabajo con excelencia es profesionalidad. Hacerlo de manera fría y calculadora contabilizando los beneficios es puro profesionalismo y, como tal, un verdadero error, pues considera valioso lo terreno y pasajero en detrimento de lo celestial, que es lo eterno.

6. **Error doctrinal:** Pablo advierte a Timoteo: "Ten cuidado de ti mismo y de la doctrina; persiste en ello" (1 Ti 4:16); y a los creyentes en Colosas les dice, "Estad firmes y retened la doctrina que habéis aprendido" (2 Tes 2:15).

¿Por qué es importante cuidar o retener la doctrina si somos salvos por la fe? ¿Nos salva acaso la doctrina? Ciertamente somos salvos por creer en Jesucristo, pero por creer en el Jesucristo revelado en el Nuevo Testamento, y no en otro.

¿Qué quiere esto decir? Significa que el Cristo que salva es el Verbo eterno del que dan testimonio Juan y los otros evangelistas; Dios hecho hombre, es decir, Dios verdadero y real y hombre verdadero y real, tal como profesaban los primeros credos cristianos; el Cristo que murió realmente y resucitó y ascendió a los cielos, y que ha enviado a su Espíritu Santo para que nos llene y nos proporcione el poder de ser testigos de la obra salvadora de Cristo Jesús en nuestras propias vidas. Juan escribe en su segunda carta: "Cualquiera que se extravía y no persevera en la doctrina de Cristo, no tiene a Dios; el que persevera en la doctrina de Cristo, ese sí tiene al Padre y al Hijo. Si alguno viene a vosotros y no trae esta doctrina, no lo recibáis en casa ni le digáis: «¡Bienvenido!»" (2 Jn 9-10). La sana doctrina es el fundamento de una fe sana. Si creemos en lo que no es, nuestra fe estará fundada en una ficción, y la ficción carece de realidad.

¿Es este un peligro real hoy en día? Ciertamente lo es, pues vivimos tiempos revueltos, ya anunciados, "el Espíritu dice claramente que, en los últimos tiempos, algunos apostatarán de la fe, escuchando a espíritus engañadores y a doctrinas de demonios, de hipócritas y mentirosos, cuya conciencia está cauterizada" (1 Ti 4:1-2). Son muchos los reclamos que existen y amplia la oferta del mercado teológico que los avances tecnológicos ayudan a difundir con celeridad y sin barreras. Cuando estamos ávidos de novedades, deseosos de «ver» efectos espectaculares y nuestra base bíblica es pobre o débil, somos presa fácil de corrientes y modas que, aunque no siempre podemos calificar de claramente heréticas, sí son peligrosas y pueden llevar errores más graves y, en buena medida, a la frustración. Hablo de mercado doctrinal porque existe una oferta y una demanda en este terreno: por un lado, inventores de novedades, de enseñanzas y prácticas que nunca antes nadie había mencionado ni están en las Escrituras, concebidas para llamar la atención de aquellos que, por otro lado, están a la búsqueda de cualquier cosa novedosa que llame la atención, siguiendo el ejemplo de los atenienses, de los que dice Lucas, "Porque todos los atenienses y los extranjeros residentes allí, en ninguna otra cosa se interesaban sino en decir o en oír algo nuevo" (Hch 17:21). Este «espíritu griego» inspira hoy en día a muchos creyentes, sinceros pero inmaduros, y también a muchos pastores, deseosos de «ver» o "hacer ver", y de «sentir» o «hacer sentir», pero quizás algo más reacios a «obedecer» o «hacer obedecer», sin ver ni sentir.

Es importante saber discernir las cosas según el Espíritu de Dios y no según nuestros deseos o sentimientos, por muy legítimos que estos puedan ser. ¿La enseñanza o práctica que nos llega es bíblica o podemos respaldarla con las Escrituras? ¿Edifica a la iglesia, o crea confusión, división o conflicto? ¿Glorifica a Cristo o al hombre? ¿Pone el foco de atención en el milagro o la manifestación, o en Cristo? ¿Su objetivo es que el creyente «sienta» o que «crezca»? ¿Se producen frutos del Espíritu o simple satisfacción humana? Son muchas las preguntas que nos debemos hacer antes de aceptar cualquier cosa por buena, simplemente «porque sucede», como argumentan algunos. No es este un criterio sabio en ninguna manera.

Como pastores de la grey de Dios, somos responsables por la doctrina que enseñamos y por la que enseñan nuestros colaboradores y quienes invitamos a nuestros púlpitos. Son muchos los siervos de Dios a quienes podemos y debemos invitar para beneficio de nuestras congregaciones; pero al mismo tiempo, hemos de salvaguardar nuestras iglesias de la influencia de doctrinas extrañas y perjudiciales a las que pueden estar expuestos nuestros feligreses. Ellos son libres, y los pastores siempre habremos de respetar la libertad personal de cada creyente; pero no podemos soslayar la responsabilidad de enseñar con la autoridad que el Señor nos ha dado y de advertir al pueblo de Dios de los peligros de aceptar cualquier enseñanza, por muy atractiva o seductora que parezca. Pablo advirtió a los creyentes de Galacia acerca de «otro evangelio»: "Hay algunos que os perturban y quieren alterar el evangelio de Cristo. Pero si aun nosotros, o un ángel del cielo, os anuncia un evangelio diferente del que os hemos anunciado, sea anatema. Como antes hemos dicho, también ahora lo repito: Si alguien os predica un evangelio diferente del que habéis recibido, sea anatema" Gá 1:7-9). Volviendo a los consejos dados a Timoteo, es importante recordar sus palabras al final de su primera carta:

> Si alguno enseña otra cosa y no se conforma a las sanas palabras de nuestro Señor Jesucristo y a *la doctrina que es conforme a la piedad*, está envanecido, nada sabe y delira acerca de cuestiones y contiendas de palabras, de las cuales nacen envidias, pleitos, blasfemias, malas sospechas, discusiones necias de hombres corruptos de entendimiento y privados de la verdad, que toman la piedad como fuente de ganancia. Apártate de los tales. Pero gran ganancia es la piedad acompañada de contentamiento, porque nada hemos traído a este mundo y, sin duda, nada podremos sacar. Así que, teniendo sustento y abrigo, estemos ya satisfechos; pero los que quieren enriquecerse caen en tentación y lazo, y en muchas codicias necias y dañosas que hunden a los hombres en destrucción y perdición, porque raíz de todos los males es el amor al dinero, el cual codiciando algunos, se extraviaron de la fe y fueron atormentados con muchos dolores. (1 Ti 6:3-10, énfasis mío).

La doctrina tiene mucho que ver con nuestra manera de concebir la vida, con nuestro sistema de valores, porque según pensamos así somos. La doctrina nos enseña a pensar como cristianos, poseedores de «la mente de Cristo», capaces de percibir y entender «las cosas que son del Espíritu de Dios» y a «discernir espiritualmente» (1 Co 2:14-16). Si nuestra doctrina es errada, nuestro ministerio pastoral será erróneo; como los escribas y fariseos, seremos «ciegos guiando a ciegos»; nuestra predicación será infructífera y baldía, y los fieles que nos sigan acabarán frustrados. ¿Habremos de escuchar palabras tan duras como las que dirigió Dios a Judá por boca de Jeremías? "Porque los pastores se han vuelto necios y no han buscado a Jehová; por eso, no prosperaron y se dispersó todo su rebaño" (Je 10:21).

Sana doctrina es la que se ajusta a las enseñanzas de Jesús y de las Sagradas Escrituras, basada en una buena exégesis y una buena hermenéutica, aplicada en el amor de Dios. La sana doctrina no es nueva, pero sí fresca, pues "la palabra de Dios es viva, eficaz y más cortante que toda espada de dos filos: penetra hasta partir el alma y el espíritu, las coyunturas y los tuétanos, y discierne los pensamientos y las intenciones del corazón. Y no hay cosa creada que no sea manifiesta en su presencia; antes bien todas las cosas están desnudas y abiertas a los ojos de aquel a quien tenemos que dar cuenta" (He 4:12-13). Ninguna ideología, filosofía o doctrina generada o inventada por el hombre puede igualarla en sus efectos beneficiosos para los seres humanos, pues son contradictorias, incapaces de penetrar el alma humana y de dar respuesta satisfactoria a sus complejidades y, especialmente, a su condición pecaminosa. En muchas ocasiones, están inspiradas por intereses espurios.

Casi con toda seguridad, el lector podrá añadir a esta breve lista de peligros, otros muchos que acechan a los pastores y que, es posible que formen parte de su propia experiencia personal. Me he limitado a mencionar solo algunos de los más comunes, tratándolos en la medida que lo permite un capítulo como este, parte de un trabajo que está sujeto a limitaciones.

CAPÍTULO 18

Pero... ¿quién paga?

Algunos predicadores hablan mucho de dinero en el púlpito: piden sin rubor para la obra de Dios. A otros nos cuesta más trabajo, aunque también lo hacemos; quizá con menos frecuencia y sin insistir tanto. Lo cierto es que, independientemente de cuánto y cómo hablen los pastores de dinero, la obra de Dios a la que he aludido avanza con ese llamado «vil metal"», al que todo el mundo está tan apegado y del que no podemos prescindir. No hay actividad humana que no necesite de finanzas y, aunque la obra de Dios es, como su nombre indica, una obra divina, avanza a hombros de hombres y mujeres, sirviéndose de medios materiales que han de ser costeados por alguien. Es pertinente la pregunta: ¿quién paga, pues?

Todos sabemos que Jesús financiaba su ministerio con las aportaciones de otras personas. Lucas nos lo describe así: "Jesús iba por todas las ciudades y aldeas, predicando y anunciando el evangelio del reino de Dios. Lo acompañaban los doce y algunas mujeres que habían sido sanadas de espíritus malos y de enfermedades: María, que se llamaba Magdalena, de la que habían salido siete demonios, Juana, mujer de Chuza, intendente de Herodes, Susana y *otras muchas que ayudaban con sus bienes*" (Lc 8:1-3, énfasis mío). Se infiere, que lo que inspiraba la generosidad de aquellas mujeres —curiosamente no se dice nada de que lo hicieran también algunos varones— era el agradecimiento por la obra que Jesús había hecho en sus vidas. En consecuencia, el grupo o equipo de trabajo disponía de una tesorería o caja común, a la que Lucas se refiere como «la bolsa», y de un tesorero, Judas (Jn 12:6; 13:29), quien, para colmo, «era ladrón». ¡Pésimo calificativo para un tesorero, encargado por velar por la custodia y buena administración de los dineros! ¿No se habría dado cuenta Jesús de este detalle?

Siendo así, que los seres humanos somos proclives al error y al pecado, los asuntos financieros de la iglesia han de tratarse con el máximo rigor y honestidad, con absoluta transparencia. Tal es el tratamiento que Pablo aplica a la ofrenda de las iglesias de Macedonia a favor de la iglesia de Jerusalén, "donativo —escribe— que es administrado por nosotros para gloria del Señor mismo (…) Evitamos así que nadie nos censure en cuanto a esta ofrenda abundante que administramos, procurando hacer las cosas honradamente, no solo delante del Señor sino también delante de los hombres" (2 Co 8:19-21).

Es evidente que, aunque Dios es dueño de todo lo creado, el dinero —que es un invento netamente humano, representativo de los valores que sirven para los intercambios económicos de las comunidades humanas— lo manejamos nosotros y está en nuestros bolsillos y en nuestras cuentas corrientes, no en manos de los ángeles ni en cajas de caudales celestiales. Lo atesoran nuestros bancos y lo gestionamos nosotros de acuerdo con nuestros recursos y posibilidades, siguiendo criterios propios.

Hoy en día la actividad económica se basa mayoritariamente en gestiones virtuales en las que el dinero físico no aparece salvo en números: las operaciones se cuentan y descuentan en los bancos, sin que nosotros toquemos los billetes. Los primeros intercambios comerciales entre seres humanos se basaron en el trueque, según una economía de subsistencia: se intercambiaba un producto por otro. Después apareció el dinero (palabra derivada de *denario*, moneda romana), que representaba lo que antes se cambiaba en especie: vacas, ovejas, grano, frutos del campo, productos manufacturados, servicios, etc. Los metales no perecederos y valiosos, como el oro, la plata y el cobre, sirvieron de soporte a las monedas, cuyo valor hubo de ser garantizado por quienes las acuñaban, según peso y ley. Más tarde apareció el papel moneda, los «billetes», siendo Suecia el primer país que los usó (s. XVII), y que representan un determinado valor en oro, depositado en el banco emisor.

Hoy existe el llamado «dinero de plástico» que son las tarjetas bancarias, algunas de ellas basadas en el crédito y otras en el cobro directo sobre la cuenta, o de débito. Se añade además el invento más reciente de las monedas virtuales, como el *bitcoin*, cuyo fin desconocemos aún, a pesar de su éxito actual. El dinero, sea físico o virtual, representa nuestro trabajo: tantas horas de actividad laboral obtienen un determinado valor económico, que es lo que se nos paga y figura como ingreso en nuestra cuenta bancaria. Esa es nuestra hacienda, invertida en nuestra vivienda, medios de transporte, enseres, etc. e incluye los ahorros, si los hay. Esos son nuestros «bienes» con los que también hemos de contribuir a que la obra de Dios avance y crezca, además de servir para fines propios y también solidarios.

¿Quién financia la obra de Dios? La respuesta a esta pregunta es sencilla e ineludible: los propios creyentes. Las iglesias llamadas protestantes o evangélicas, basándonos en el principio de separación entre Iglesia y Estado y, por tanto, la no injerencia de la una en el otro y viceversa, entendemos que los gastos correspondientes al ejercicio del culto y la fe han de ser sufragados por los mismos fieles y no por el Estado. Otra cosa, de la que se puede debatir, es la acción social, en la que todos estamos comprometidos y para la que existen numerosas subvenciones estatales a las que las iglesias pueden recurrir en igualdad de condiciones que otras organizaciones no gubernamentales (ONG's).

Las Escrituras nos aportan suficiente enseñanza respecto a la financiación de la obra de Dios a lo largo de la historia. En tiempos del Antiguo Testamento, en los que todo estaba regulado por ley para el pueblo de Israel, la economía nacional estaba basada en la propiedad agraria: cada israelita poseía su tierra, la cual debía explotar para su subsistencia y de la cual debía separar una parte para contribuir al sostenimiento del culto y de los levitas y sacerdotes que se ocupaban de él. Las primicias y los diezmos debían ser entregados a «la tesorería» nacional a tal fin, el alfolí del que nos habla la Reina-Valera. Esa tierra pasaba de generación a generación como heredad permanente. Diversas leyes regían los intercambios y los arreglos motivados por las circunstancias que cada familia podía atravesar; pero cada cierto tiempo, la propiedad enajenada tenía que regresar a sus legítimos propietarios, quienes la poseían en usufructo, pues el verdadero propietario de la tierra era Dios mismo. Conocemos bien el texto de Malaquías:

"Traed todos los diezmos al alfolí y haya alimento en mi Casa: Probadme ahora en esto, dice Jehová de los ejércitos, a ver si no os abro las ventanas de los cielos y derramo sobre vosotros bendición hasta que sobreabunde" (Mal 3:10). Los medios económicos los manejaba cada israelita, pero la bendición dependía de Dios. La misma ley es válida hoy.

Muchos no creen que el diezmo esté vigente en la actualidad, pues entienden que es algo que pertenece al Antiguo Testamento. Podemos decir que el diezmo, concebido como lo concibe el Antiguo Testamento, es decir, como una ley, puede que haya caducado, como el resto de La Ley, pero que, en contrapartida, en la actualidad rige otro principio que lo supera. Como en todo lo que el Señor Jesús enseñó: «Oísteis que os fue dicho… pero yo os digo…». Una es la ley promulgada en la antigüedad, a la que los judíos se ceñían de manera estricta, pero solo formalmente, jesuíticamente, aunque la «Compañía» aún no había sido fundada y, por tanto, aplicarle el adverbio sea un tanto anacrónico. Jesús enseña otra manera de actuar, con motivaciones más profundas, más cercanas al corazón de Dios. Él mismo dijo: "Si vuestra justicia no fuera mayor que la de los escribas y fariseos, no entraréis en el reino de los cielos" (Mt 5:20), aludiendo a una calidad más excelente que la de aquellos.

Por tal razón, los cristianos no damos por obligación, de manera impuesta, sino por decisión propia y con alegría; como un privilegio, y no como algo inevitable. Esa es la gran diferencia: nuestros donativos son fruto de la generosidad, no de la obligatoriedad. Cada creyente es libre de dar o de no dar, pero ha de ser responsable y conocer los principios bíblicos que inspiran esta «administración», tal como la explica el apóstol Pablo:

Tuve por necesario exhortar a los hermanos que fuesen primero a vosotros y preparasen primero vuestra generosidad antes prometida, para que esté lista como de generosidad, y no como de exigencia nuestra. Pero esto digo: El que siembra escasamente, también segará escasamente; y el que siembra generosamente, generosamente también segará. Cada uno dé como propuso en su corazón: no con tristeza, ni por necesidad, porque Dios ama al dador alegre. Y poderoso es Dios para hacer que abunde en vosotros toda gracia, a fin de que, teniendo siempre en todas las cosas todo lo suficiente, abundéis para toda buena obra. (2 Co 9:5-8).

Para que la iglesia crezca y avance necesita dinero que permita que sus ministros se dediquen al ministerio, que supla los gastos de instalaciones dignas y operativas, así como sus actividades evangelizadoras, misioneras y sociales. Ese dinero depende de la generosidad de sus fieles, que son quienes aportan la economía de la iglesia. Solo con generosidad es posible hacerlo, voluntariamente, con gozo y alegría, sabiendo que es Dios mismo quien suple y hace sobreabundar los recursos puestos en nuestras manos y así seguirá haciéndolo. La única ley que rige aquí es la de la siembra y la cosecha, que aún no ha sido derogada porque es una ley natural y, por tanto, está plenamente vigente. Nos toca a cada uno de nosotros los creyentes entenderlo y practicarlo. Solo se cosecha si antes ha habido siembra, y sin siembra no hay cosecha. La siembra implica una pérdida aparente, pues hay que sustraer parte de la cosecha previa para dedicarla a sembrar; pero es ganancia futura, multiplicada. La siembra implica una cierta medida de incertidumbre, ciertamente, pero se siembra en fe, creyendo en la cosecha, esperando que la lluvia llegue a su tiempo y no en forma torrencial que arrastre la semilla. Así es con las cosas de Dios.

Las palabras de elogio que Pablo dedica a las iglesias de Macedonia son tremendamente inspiradoras para nosotros hoy:

Os hacemos saber la gracia de Dios que se ha dado a las iglesias de Macedonia, porque, en las grandes tribulaciones con que han sido probadas, la abundancia de su gozo y su profunda pobreza abundaron en riquezas de su *generosidad.* Doy testimonio de que *con agrado* han dado conforme a sus fuerzas, y aun más allá de sus fuerzas, pidiéndonos con muchos ruegos que les concediéramos el *privilegio* de participar en este *servicio* para los santos. Y no como lo esperábamos, sino que *a sí mismos se dieron primeramente al Señor y luego a nosotros"* (2 Co 8:1-5, énfasis mío).

¡Qué ejemplo tan extraordinario! ¡Ojalá lo siguiéramos todos nosotros hoy! Iglesias probadas por grandes tribulaciones, pobres en lo económico pero ricas en generosidad, que entendieron que dar era un privilegio a la vez que un servicio —un ministerio—, capaces de dar más allá de sus propias fuerzas, con gozo y con agrado, sin mezquindad, porque se dieron al Señor en primer lugar. Esta es la manera de dar de los cristianos: importa más la actitud que la expresión numérica.

Para cerrar este capítulo, reproduzco uno de los proverbios de Salomón: "Honra a Jehová con tus bienes y con las primicias de todos tus frutos; entonces tus graneros estarán colmados con abundancia y tus lagares rebosarán de mosto" (Pr 3:9-10), que expresa el espíritu que debe inspirar nuestra aportación económica a la obra de Dios. Cuando damos nuestro diezmo u ofrenda, no solo estamos contribuyendo a la financiación de la obra de Dios; estamos honrándolo, pues nuestro donativo es un acto de adoración. La contrapartida es la bendición de Dios, su prosperidad, que es la que verdaderamente "enriquece, y no añade tristeza con ella" (Pr 10:22).

III PARTE

Y
¡Mártir!

«Vosotros sois mis testigos, dice Jehová, y mi siervo que yo escogí,
para que me conozcáis y creáis y entendáis que yo mismo soy;
antes de mí no fue formado dios ni lo será después de mí.
Yo, yo soy Jehová, y fuera de mí no hay quien salve.
Yo anuncié y salvé, hice oír y no hubo entre vosotros dios ajeno.
Vosotros, pues, sois mis testigos, dice Jehová, que yo soy Dios»
Isaías 43:10-12

«Pero recibiréis poder
cuando haya venido sobre vosotros el Espíritu Santo,
y me seréis testigos en Jerusalén, en toda Judea,
en Samaria y hasta lo último de la tierra»
Hechos 1:8

«Lo que era desde el principio, lo que hemos oído,
lo que hemos visto con nuestros ojos,
lo que hemos contemplado y palparon nuestras manos
tocante al Verbo de vida, pues la vida fue manifestada
y la hemos visto, y testificamos y os anunciamos
la vida eterna, la cual estaba con el Padre
y se nos manifestó, lo que hemos visto y oído, eso os anunciamos,
para que también vosotros tengáis comunión con nosotros;
y nuestra comunión verdaderamente
es con el Padre y con su Hijo Jesucristo»
1 Juan 1:1-3

CAPÍTULO 19

El sentido de la palabra mártir

En la actualidad esta palabra sugiere primordialmente dolor y muerte, el sacrificio de quien sufre por un ideal, sea este filosófico, político o religioso, llegando al punto, incluso, de morir por esa causa. Por eso hay mártires profanos como los hay religiosos.

Uno de los textos clave del Nuevo Testamento, y que está relacionado con este tema, se encuentra en el Libro de los Hechos de los Apóstoles: "Pero recibiréis poder, cuando haya venido sobre vosotros el Espíritu Santo, y *me seréis testigos* en Jerusalén, en toda Judea, en Samaria, y hasta lo último de la tierra" (Hch 1:8). La palabra griega traducida en este texto por *testigos* es μάρτυρες (*mártyres*). Un mártir es, pues, un testigo, alguien que da testimonio a favor de una causa. En esta tercera parte, para concluir, la usaremos en su pleno significado, tanto etimológico como histórico, aplicados ambos sentidos al ministerio pastoral, puesto que es una labor pública, de testimonio del evangelio y del amor de Dios, así como por un ministerio que implica un amplio contenido sacrificial.

Cuando los apóstoles, reunidos en el aposento alto, entienden que han de buscar un sustituto para el traidor Judas, dan por hecho que el candidato ha de haber sido testigo de la resurrección de Jesús, además de haber estado con ellos todo el tiempo de su ministerio (Hch 1:21-22). Era un requisito imprescindible para poder llevar a cabo la labor apostólica que se les encomendaba. El día de Pentecostés, Pedro, ante la multitud que acudió a ver aquello extraordinario y portentoso que acontecía, proclama con las siguientes palabras la resurrección de Jesús: "A este Jesús resucitó Dios, de lo cual todos nosotros somos testigos" (Hch 2:32). Más tarde, junto a Juan, lo proclamará ante las autoridades judías que los interrogaban: "El Dios de nuestros padres levantó a Jesús, a quien vosotros matasteis colgándolo en un madero. A este, Dios ha exaltado con su diestra por Príncipe y Salvador, para dar a Israel arrepentimiento y perdón de pecados. Nosotros somos testigos suyos de estas cosas, y también el Espíritu Santo, el cual ha dado Dios a los que lo obedecen" (Hch 5:30-32). La narración del Libro de los Hechos hace continua referencia a esta labor testifical de los seguidores de Jesús, especialmente de los apóstoles. Cuando Pedro predica en casa de Cornelio, después de proclamar que ellos habían sido testigos directos de cuanto el Señor había enseñado y hecho, les dice: "Y nos mandó que predicáramos al pueblo y testificáramos que él es el que Dios ha puesto por Juez de vivos y muertos. De este dan testimonio todos los profetas, que todos los que en él crean recibirán perdón de pecados por su nombre" (Hch 10:42-43).

Como última referencia, Pablo, ante el pueblo alborotado a su alrededor en Jerusalén, recuerda en su defensa las palabras que le dirigió Ananías, enviado por Dios para que recobrara la vista y lo bautizara: "El Dios de nuestros padres te ha escogido para que conozcas su voluntad, veas al Justo y oigas la voz de su boca, porque serás testigo suyo ante todos los hombres, de lo que has visto y oído" (Hch 22:14-15). Los datos biográficos de Pablo que nos proporcionan tanto el Libro de los Hechos como algunas de sus cartas nos dan idea de lo que tal llamamiento divino significó para él. Al final de su vida, escribe: "Yo ya estoy próximo a ser sacrificado. El tiempo de mi partida está cercano. He peleado la buena batalla, he acabado la carrera, he guardado la fe. Por lo demás, me está reservada la corona de justicia, la cual me dará el Señor, juez justo, en aquel día; y no solo a mí, sino también a todos los que aman su venida" (2 Ti 4:6-8). Según cierta tradición, Pablo fue decapitado en Roma durante la persecución de Nerón.

La labor pastoral es en gran medida una labor testifical; ante el mundo ajeno a la iglesia, y ante los propios fieles. Juan, el escritor del cuarto evangelio según entiende la mayoría de los eruditos bíblicos, fue apóstol; pero como el mismo Pablo, o Pedro[48], también ejerció funciones pastorales. Su evangelio es una muestra de ello, pues fue escrito para la iglesia, para los creyentes, con un propósito definido que él mismo declara al final de su obra: "Hizo además Jesús muchas otras señales en presencia de sus discípulos, las cuales no están escritas en este libro. Pero estas se han escrito para que creáis que Jesús es el Cristo, el Hijo de Dios, y para que, creyendo, tengáis vida en su nombre" (Jn 20:30-31). Todo el evangelio de Juan es una suma de testimonios —palabra clave en Juan— con el único fin de demostrar que Jesús era el mesías prometido por los profetas y, además, Hijo de Dios, con todo el significado que esto último implicaba. Su objetivo era afianzar a los creyentes en la fe salvadora, superando una fe ficticia e inútil, como la que proponían los judíos que no habían obedecido al evangelio y las tendencias gnósticas ya activas. No olvidemos que, de los cuatro evangelios canónicos del Nuevo Testamento, este es el último, escrito probablemente allá por los años noventa del primer siglo de nuestra era. La iglesia ya había crecido y se había extendido. Había habido tiempo para reflexionar sobre la fe y también para que empezaran a desarrollarse determinados errores doctrinales y distintas teorías acerca de Jesús, su naturaleza y su obra, así como la respuesta adecuada a tales errores. Juan, al escribir su evangelio, estaba actuando como apóstol, encargado de transmitir el mensaje original de Jesús, pero también estaba obrando como pastor y defensor de la fe correcta.

Así que, en primer lugar, este término se refiere a nuestra labor pastoral en este sentido. Más tarde también habremos de referirnos a la otra cara de la moneda, que tiene que ver con lo que tal labor implica en cuanto a compromiso y sufrimiento. Algo ya hemos adelantado a lo largo de este libro, pero es necesario resaltar esta parte que forma parte del llamamiento. Pablo admite, "Si anuncio el evangelio, no tengo por qué gloriarme, porque me es impuesta necesidad; y ¡ay de mí si no anunciara el evangelio! Por eso, si lo hago de buena voluntad, recompensa tendré; pero si de mala voluntad, la comisión me ha sido

---

[48] E Pedro, en su primera carta (5;1) se identifica a sí mismo como presbítero, anciano, que en aquel tiempo era sinónimo de pastor.

encomendada" (1 Co 9:16-17). Como ya hemos dicho anteriormente, se trata de una labor ineludible, de la que no podemos escapar sin desobedecer a Dios, pues él es el que nos ha llamado y nos ha puesto en ella. La actitud que tomemos frente a ello es fundamental para el éxito en nuestro ministerio.

CAPÍTULO 20

Peso y coste del ministerio pastoral

Es aquí donde empieza a verse la otra cara de la moneda de la palabra mártir, como hemos dicho en el capítulo anterior. El ministerio pastoral supone una carga, con su peso específico y un determinado coste que ha de ser presupuestado a la hora de asumirlo. ¿Puede eso significar que si consideramos que el coste es excesivo podemos decirle a Dios que se busque a otro?

Bueno, si conocemos bien las Escrituras, vendrán fácilmente a nuestra mente algunos casos en los que aquellos que Dios estaba llamando con un determinado propósito así lo vieron. Ya hemos hablado de ellos, de Moisés, de Gedeón, de Jeremías... pero conviene traerlos de nuevo ante nuestros ojos bajo esta perspectiva. A todos ellos respondió el Señor, derribando sus argumentos y excusas, subrayando el hecho de que ¡era una orden!

A Moisés, después de mucho argumentar, Dios le dice en forma clara: "Ahora, pues, ve, que yo estaré en tu boca y te enseñaré lo que has de hablar" (Éx 4:12). A Dios no le valieron las excusas de Moisés, a quien no le quedó más opción que obedecer e ir conforme al mandato divino. A Gedeón, el Ángel de Jehová —Dios manifestado en forma visible— le dice: "Ve con esta tu fuerza y salvarás a Israel de manos de los madianitas. ¿No te envío yo? (Jue 6:14). Gedeón pide pruebas, no se fía. Pedir pruebas es una muestra clara de falta de fe[49], pero, con todo, Dios le da las pruebas que pide.

Las palabras dirigidas a Jeremías son contundentes; las que necesitaba oír un joven inseguro, tímido y asustadizo: "No digas: «Soy un muchacho», porque a todo lo que te envíe irás, y dirás todo lo que te mande" (Je 1:7). Son palabras imperativas. Dios no le dice, "¡por favor, ve, te necesito!". Simplemente, le ordena: "¡Irás, y dirás todo lo que te mande!" Punto.

Evidentemente, mandatos así de parte de Dios suponen un peso y una responsabilidad enorme, para la que podemos pensar que no estamos preparados, porque, además, las cosas que Dios pide no son fáciles: ¡Libertar al pueblo de Israel, una inmensa multitud variopinta y contradictoria, de la opresión del monarca más poderoso de la época, el faraón de Egipto! ¡O derrotar a los opresores madianitas, a su ejército poderoso, y librar al pueblo de sus abusos! En el caso de Jeremías, su labor era bastante incómoda y le habría de proporcionar muchas amarguras, pues se trataba especialmente de hacer partícipe al pueblo del juicio que se le venía encima por causa de su recurrente desobediencia. Ser testigos de Dios en tales circunstancias era un trabajo duro y difícil, además del posible coste que podía sobrevenir: oposición, crítica, amenazas, peligros diversos, prisión, etc. Pero, ¿Cómo renunciar, si las palabras divinas no daban opción a la negativa?

Afortunadamente, cuando Dios demanda algo de nosotros, además de clarificar lo que desea y pide, da su palabra de seguridad y aliento. Esta palabra nunca falta ni tampoco falla. A Moisés, Dios le revela su plan con todo detalle, incluyendo los obstáculos que no habrían de faltar, por eso le dice: "Yo sé que el rey de Egipto no os dejará ir sino por la fuerza. Pero yo extenderé mi mano y heriré a Egipto con todas las maravillas que obraré en el país, y entonces os dejará ir. Yo haré que este pueblo halle gracia a los ojos de los egipcios" (Éx 3:19-21). Lo bueno de moverse en la voluntad de Dios es que Dios mismo está en el control y, por tanto, sabe lo que hay que hacer. Nada puede fallar si

---

[49] Una cosa es desear y esperar que Dios confirme de alguna manera lo que nos revela y otra muy distinta ponerle pruebas según nuestra propia mente, como a veces algunos cristianos hacen. Dios confirma lo que nos revela de muchas formas, pero es él quien lo hace según su propia voluntad. Cuando somos nosotros quienes establecemos los términos de la confirmación podemos estar entrando en un terreno poco seguro y, desde luego, no deseable, por mucho que Dios en su misericordia en ocasiones responda, como lo hizo dos veces con Gedeón.

nos atenemos a sus planes y seguimos la dirección de su Espíritu Santo al detalle.

A Gedeón le dice: "Ciertamente yo estaré contigo, y tú derrotarás a los madianitas como a un solo hombre" (Jue 6:16). ¿Qué mejores palabras de confianza y seguridad? Como dice el apóstol Pablo, "Si Dios es con nosotros, ¿quién contra nosotros?" Jeremías también recibió palabras tranquilizadoras: "No temas delante de ellos, porque contigo estoy para librarte, dice Jehová». (Je 1:8).

Alguno podrá preguntar: ¡pero tan negro es el panorama? ¡Tan difícil es eso de ser pastor? Bueno… afortunadamente, la mayor parte vivimos en una zona pacífica del planeta, donde es fácil —quizá demasiado fácil— ser cristiano y, por tanto, también ser pastor, si lo comparamos con otros lugares, pues hay zonas del mismo planeta donde las cosas son distintas, y puede que muy distintas; donde el precio de servir al Señor puede incluso significar la vida misma o grandes dificultades, persecución real, prisión, violencia física, discriminación social, etc.

En nuestras zonas de seguridad los problemas son otros, pero también existen. A veces, esos problemas que quitan el sueño a los pastores vienen de dentro mismo de la congregación. Pablo fue un experto en este tipo de problemas. Algunos estudiosos opinan que Pablo fue denunciado ante las autoridades romanas por algunos cristianos de la iglesia de Roma, dividida entre dos tendencias que se acusaban entre sí. Y tal acusación significó su muerte.

Hemos hablado del estrés como uno de los peligros que acechan a los pastores: es el efecto que produce el peso de la responsabilidad ministerial. No es solo la carga de la iglesia —la preocupación por las iglesias que, según Pablo, «se agolpaba» sobre él— y de los problemas de los fieles que de una u otra forma recaen sobre quienes cuidan de ellos, sino además el hecho de que un día habremos de «dar cuentas» de nuestro ministerio ante el Señor. De ahí el consejo del autor de la Carta a los Hebreos, que escribe: "Obedeced a vuestros pastores y sujetaos a ellos, porque ellos velan por vuestras almas como quienes han de dar cuenta, para que lo hagan con alegría, sin quejarse, porque esto no os es provechoso" (He 13:17). No podemos olvidar este hecho: somos responsables ante Dios del encargo divino de «velar por las almas» de los creyentes que nos han sido encomendados. A los creyentes se les pide que faciliten esta labor por medio de la obediencia, de la sujeción y del respeto, como también reclama Pablo de los tesalonicenses, escribiéndoles: "Os rogamos, hermanos, que reconozcáis a los que trabajan entre vosotros y os presiden en el Señor y os amonestan. Tenedlos en mucha estima y amor por causa de su obra" (1 Tes 5:12-13).

Es esa una obra compleja, dificultosa y, en muchas ocasiones, dura y poco reconocida que, por tanto, tiene un coste, un precio que se paga. Es lo que Pablo llama hacerse «copartícipe del evangelio» (1 Co 9:23) y que implica negarse a sí mismo: "En todas las cosas —escribe— agrado a todos, no procurando mi propio beneficio sino el de muchos, para que sean salvos" (1 Co 10:33). Si no estamos dispuestos al sacrificio, a tener que adaptarnos a la gente a la que habremos de servir, será mejor que lo pensemos bien antes de involucrarnos en algo que no nos va.

¿Por qué digo esto, si previamente he dejado claro que el llamamiento al ministerio pastoral es algo ineludible, a lo que no podemos negarnos? Pues porque, aunque el pastorado es algo que podemos desear, tal como escribe Pablo a Timoteo, no es algo que podamos escoger por propia voluntad. No es el mero deseo lo que nos hace pastores, sino el llamamiento divino seguido de una respuesta adecuada. Pensar en el coste o el precio a pagar sirve para desanimar a los que no son llamados y, por tanto, no están dispuestos a asumir esa parte del «contrato». No todos los que desean el ministerio tienen vocación de «mártir», en el sentido que hemos estado empleando aquí.

Hay momentos críticos en la vida de un pastor que solo se pueden superar si tenemos la convicción de estar donde Dios quiere que estemos, haciendo lo que él quiere que hagamos, en el tiempo de Dios, es decir, el tiempo oportuno, y bajo su cobertura. Pablo recuerda, escribiendo su segunda carta a los corintios: "Fuimos abrumados en gran manera más allá de nuestras fuerzas, de tal modo que aun perdimos la esperanza de conservar la vida. Pero tuvimos en nosotros mismos sentencia de muerte, para que no confiáramos en nosotros mismos, sino en Dios que resucita a los muertos. Él nos libró y nos libra y esperamos que aun nos librará de tan grave peligro de muerte. Para ello contamos con vuestras oraciones a nuestro favor" (2 Co 1:8-11). Es este un párrafo que sigue a otros que hablan de aflicciones y tribulaciones compartidas entre el apóstol y también los creyentes, pues no hemos de pensar que este tipo de cosas solo acontecen a los pastores y demás ministros reconocidos del evangelio. Los creyentes de a pie, si los podemos llamar así, también sufren y padecen. Pero Pablo habla a la misma vez de la consolación que proviene de Dios; la consolación derramada sobre los propios ministros del evangelio y que después pueden estos administrar a los demás creyentes, porque no podemos dar nada que no hayamos recibido previamente. Damos lo que recibimos de Dios, al menos es lo que se espera de nosotros; cualquier otra cosa sobra.

Al final de este último texto aparece un elemento muy interesante: las oraciones de los creyentes a favor de los siervos de Dios, a favor de sus pastores y de aquellos que les ministran la palabra de Dios. Si es responsabilidad de estos últimos atender espiritualmente a sus feligreses, es responsabilidad de estos últimos orar por sus dirigentes. No es la murmuración ni la crítica solapada lo que corregirá los posibles errores de nuestros líderes, pues tal cosa mina la confianza de la iglesia en quienes la presiden y no aporta nada positivo a los creyentes. La oración ferviente y la claridad en las relaciones, la comunicación espiritual, lo que conseguirá extraordinarios resultados, favorables para todos.

Pablo ruega a los creyentes de Éfeso, escribiéndoles desde la prisión: "Orad en todo tiempo con toda oración y súplica en el Espíritu, y velad en ello con toda perseverancia y súplica por todos los santos y por mí, a fin de que al abrir mi boca me sea dada palabra para dar a conocer con denuedo el misterio del evangelio" (Ef 6:18-19).

La iglesia debe de aprender a desarrollar en mayor medida el «ministerio de la oración» los unos por los otros y por sus ministros y demás personal comprometido y responsable, y abandonar definitivamente la perniciosa actividad clandestina de la murmuración y el chisme, que algunos tienen por un ministerio benefactor pero que no es más que una simple labor diabólica, capaz de carcomer a la iglesia y destruirla a una velocidad infinitamente mayor que la necesaria para edificarla.

En definitiva: dedicarse al ministerio pastoral es asumir el sacrificio de la propia vida, «sacrificio vivo, santo y agradable a Dios» (Ro 12:1). Si esa es la voluntad de Dios para nosotros, eso es «lo bueno, lo agradable y lo perfecto». Por tal causa, Pablo solicita de sus amados hermanos de la iglesia de Filipos: "Que seáis irreprochables y sencillos, hijos de Dios sin mancha en medio de una generación maligna y perversa, en medio de la cual resplandecéis como lumbreras en el mundo, asidos de la palabra de vida, para que en el día de Cristo yo pueda gloriarme de que no he corrido en vano, ni en vano he trabajado. Y *aunque sea derramado en libación sobre el sacrificio y servicio de vuestra fe, me gozo y regocijo* con todos vosotros" Fil 2:15-17). Que así sea con cada uno de nosotros.

CAPÍTULO 21

Salud física, emocional y espiritual

Como «mártires», testigos de Cristo en el pleno sentido de la palabra, los pastores tenemos nuestra integridad física comprometida. No solo somos los primeros en caer víctimas de la persecución, si esta existe, sino que, además, el ministerio puede afectar gravemente a nuestra salud. Leí alguna vez en alguna parte que en los Estados Unidos de América la profesión de pastor evangélico está considerada por las compañías de seguros médicos como de alto riesgo, y puedo entenderlo. Ser pentecostal no aminora el riesgo, por mucho que creamos en la sanidad divina. Además, peligra la estabilidad familiar, nuestro equilibrio emocional, incluso la salud espiritual de nuestra vida ministerial e incluso la de simples creyentes. Baste un estudio básico de la vida de muchos pastores a lo largo y ancho de nuestro mundo eclesiástico para convencernos de ello.

Hay estadísticas bastante elocuentes al respecto, pero me bastan los casos que he conocido en el transcurso de mis años de ministerio. Mi propia experiencia personal me pone al tanto de los riesgos que corremos de manera sostenida. La salud física es importante, porque sin ella no podemos dedicarnos a la tarea que se nos encomienda. He vivido y sufrido la partida de pastores en plena juventud, de compañeros y compañeras de ministerio, desarrollando con eficiencia el servicio al que habían sido llamados por Dios. ¿Cómo se entiende que Dios los llamara así, algunos de manera súbita, sin previo aviso; y a otros, tras doloroso proceso irreversible? No tenemos todas las respuestas, al menos como nos gustaría tenerlas, aunque no dudamos de la sabiduría divina, sabiendo que Dios no se equivoca. Lo cierto es que cuidar nuestros frágiles cuerpos, almas y espíritus forma parte de lo que se espera de quienes servimos al Señor.

Salud física

Pablo recomienda a Timoteo que beba un poco de vino en vez de agua, debido a «sus frecuentes enfermedades» de estómago. Es decir, le recomienda que se cuide. En su tiempo, las aguas disponibles para beber no siempre tenían la calidad sanitaria mínima y eran frecuentes las crisis de disentería y otras infecciones bacterianas, por contaminación de las fuentes y la falta generalizada de higiene.

Respecto al ejercicio físico, también le dice a su discípulo que es «provechoso para poco» en relación con la piedad y la vida espiritual; pero no niega su utilidad en cuanto al mantenimiento de la salud física, como algunos pretenden hacerle decir. Además, la perspectiva que se podía tener de la actividad física en su tiempo no tiene nada que ver con la que tenemos hoy, ni la vida activa de entonces se parece en nada a la actual, en la que los hábitos sedentarios y la alimentación requieren de una contrapartida compensatoria de actividad física.

Creo que, como líderes del pueblo de Dios, tenemos la obligación de dar ejemplo con nuestro sistema de vida y con nuestros hábitos de comportamiento en estas áreas tan sencillas y básicas. Generalmente, los creyentes entendemos, por ejemplo, que fumar tabaco no es adecuado para un cristiano, porque es perjudicial para la salud y porque es un vicio que domina a la persona. No se trata de hacer sentir culpable a nadie, pero sí animamos a quienes vienen al Señor cautivos de esta adicción a que le busquen para verse liberados de tal cadena. El poder de Dios libera mejor que cualquier terapia a base de caramelos o parches de nicotina. Se supone que cuando uno llega al ministerio ha superado este tipo de problemas, aunque hay quienes no lo ven así y no lo tienen por tal. Estar dominado por el tabaquismo o por cualquier otro vicio o hábito dañino no es un buen testimonio cristiano y, por tanto, no es digno de un «mártir», pues se supone que vivimos en el Espíritu y que el Espíritu vence en su lucha frente a la carne, y los vicios son obra de la carne.

En cuanto a la comida y la bebida, sabiendo que "el reino de Dios no es comida ni bebida, sino justicia, paz y gozo en el Espíritu Santo" (Ro 14:17), diremos que los pastores haremos bien en desarrollar hábitos alimenticios y dietéticos saludables, evitando los excesos y decantándonos por una alimentación equilibrada que tenga en cuenta también lo que nos cae bien y lo que no. En demasiadas ocasiones nos alimentamos mal, abusamos de la cantidad, o comemos lo que no debemos a sabiendas de que nos cae mal, y mantenemos hábitos aun sabiendo que no nos benefician en nada, sino que más bien nos perjudican; en suma, no nos cuidamos. Hoy en día abundan las alergias y las intolerancias. Sabemos que hay cosas sanas y otras no tan sanas; haremos, pues, bien en cuidarnos un poquito, en beneficio de nuestra salud y del testimonio, como ya hemos dicho.

No podemos olvidar, además, las diferentes culturas en las que nos desenvolvemos los creyentes y que rigen en buena medida nuestras costumbres, pues la alimentación —elevada hoy al rango de gastronomía— es y siempre ha sido parte integrante de la cultura de los pueblos. A mi pastor, mejicano de bigote poblado, le gustaba el pique —confieso que a mí también— aunque no bebía tequila, porque entendía que las bebidas alcohólicas, incluidas las de baja graduación, eran pecado. En Francia, donde yo me convertí al Señor, como en España, Italia, o Portugal, generalmente los creyentes no tienen inconveniente en beber vino, siempre que sea con moderación. Pero en el mundo anglosajón, así como en los países donde las iglesias han sido fundadas por misioneros de ese origen, beber vino se considera un grave pecado. Hay quienes consideran esto un mero asunto cultural, aunque para otros es toda una doctrina bíblica. La verdad es que, aunque en los países mediterráneos mencionados existe una cultura de la vid y del vino, hoy extendida allende los mares, tal cosa no basta para justificar el que se pueda beber vino o bebidas alcohólicas, como tampoco se puede establecer una doctrina bíblica que lo impida. Si la cultura es contraria a la palabra de Dios merece ser contrariada. Si no lo es, no lo es. Lo que la Biblia condena abiertamente es el abuso o la embriaguez, pero no su consumo moderado. Los personajes bíblicos beben vino, incluido el mismo Jesús, al que criticaban sus oponentes tacándolo de borracho. Argumentar que el vino que bebían no era vino es torcer el idioma o ignorar el significado real de los vocablos usados en las Escrituras. Con todo, como «ejemplos de la grey», la regla que debe regir nuestro comportamiento respecto de la comida y la bebida es la de la sobriedad y la moderación en todo, además de la norma suprema del amor que enuncia Pablo en su carta a los romanos: "No destruyas la obra de Dios por causa de la comida (…) Mejor es no comer carne ni beber vino ni hacer nada que ofenda, debilite o haga tropezar a tu hermano" (Ro 14:20-21). Pablo habla también de la propia conciencia, que cada cual ha de respetar para no incurrir en falta: "Para el que piensa que algo es impuro, para él lo es (…) Bienaventurado el que no se condena a sí mismo en lo que aprueba. Pero el que duda sobre lo que come, se condena a sí mismo, porque no lo hace con fe; y todo lo que no proviene de fe, es pecado" (Ro 14:14,22-23). Otra cosa distinta es si es conveniente o no, y en países en los que se tiende al exceso de forma generalizada, pues mejor es no probar nada que pueda perjudicar. Si no se sabe beber, es decir, con moderación y oportunamente, mejor no intentarlo. De nuevo merece la pena hablar de sobriedad y de dominio propio.

Salud emocional

Hace ya algunos decenios que Daniel Goleman popularizó el tema de la inteligencia emocional. No es simplemente una moda destinada a pasar, como ocurre con todas las modas. Es en cierta manera un descubrimiento, o quizá una toma de conciencia, al menos en nuestra cultura occidental, en la que se ha primado secularmente el conocimiento, lo racional, lo numérico y frío, lo objetivo frente al sentimiento y lo subjetivo. Digo que es un descubrimiento en cierta manera porque las Escrituras, desde antiguo, ya nos hablan de asuntos muy relacionados con la inteligencia emocional. Lo hacen con un lenguaje no científico, como en todo cuanto nos dice respecto a la vida y al universo material que nos rodea, pero si con expresiones altamente expresivas, como cuando habla del alma, de las entrañas, de los riñones, del corazón… Es curioso que, aunque se habla de la mente, no se menciona el cerebro para nada; bueno, vale la una por el otro. No se trata, pues, de anatomía, sino de un profundo conocimiento del ser humano como un todo, cuerpo, alma y espíritu, expresado en términos analógicos. No olvidemos que la Biblia es una colección de libros de carácter mayoritariamente oriental, sobre todo las Escrituras hebreas, las que nosotros llamamos con nuestra mentalidad griega el Antiguo Testamento. Las culturas orientales tienen una capacidad para entender lo global y lo cósmico mucho mayor que las occidentales, más centradas en lo pequeño e inmediato, por eso manifiestan una espiritualidad especial, más difícil de encontrar entre nosotros los occidentales[50].

Goleman resalta la importancia de desarrollar varias habilidades que considera imprescindibles para el equilibrio emocional, como son el autocontrol, la empatía, el entusiasmo y la capacidad relacional. ¿Acaso no nos suenan estos términos? La Biblia nos habla de templanza, traducida en nuestras versiones más modernas por «dominio propio», o sea, la capacidad de controlarse a uno mismo ante las distintas situaciones de la vida, sean estas favorables o difíciles, que podrían provocar, sea entusiasmo o euforia, sea desánimo, ira, u otras reacciones negativas potencialmente destructivas. ¿Podríamos quizá identificar el entusiasmo con la fe? Es cierto que no es exactamente lo mismo, pero trasladando el lenguaje técnico de Goleman al nuestro, pudiéramos decir que sí, porque es la fe la que nos anima y nos impulsa. La diferencia es que el mero entusiasmo humano, aun siendo valioso, se basa en nosotros mismos y, por tanto, está abocado mayormente al fracaso, dada nuestra fragilidad y torpeza, mientras la fe poderosa se basa en lo que Dios ha dicho, lo que ha revelado, y la fe es capaz de «mover montañas». ¿Y qué decimos de la empatía? La palabra de Dios nos habla de caridad, que es amor en acción —amor ágape, que es fruto del Espíritu; también del amor fraterno, más humano, más cercano al sentimiento, pero igualmente necesario y que es el que potencia nuestras relaciones interpersonales.

Nuestra salud emocional depende de todo esto, por eso haremos bien en prestarle la debida atención. El desplome emocional del pastor supone en demasiadas ocasiones la ruina de su ministerio y el perjuicio

---

[50] Utilizo esta terminología occidental – oriental para entendernos, sin ningún tipo de prejuicio frente a lo uno o lo otro, o al menos eso intento, sabiendo que necesariamente son términos absolutamente relativos, que presuponen un centro totalmente subjetivo que determina *a priori* y de manera unilateral ambas posiciones, motivado por un concepto de supremacía y superioridad artificial y, por tanto, falso.

de los fieles. Dice mi amigo Guillermo Preim que «un pastor nervioso es un peligro», y yo estoy muy de acuerdo con él.

Me causó honda impresión escuchar a un pastor, compañero de milicia, confesar en una reunión para tratar ciertos asuntos, que se sentía inhabilitado para ejercer el ministerio pastoral porque emocionalmente no se sentía ya capaz de llevar las cargas y los problemas de otros, de preocuparse más por ellos. Es dramático. Sentí una profunda empatía con él y con su esposa, presente en la reunión. No podemos culparles, solo sentirnos solidarios con ellos, como me siento con tantos otros que en vez de disfrutar del ministerio lo padecen. Lo cierto es que algo ha fallado en tales casos. Dios no, por supuesto. Situaciones así hacen sufrir a quienes debiendo ejercer con alegría el ministerio, se sienten derrotados, desanimados, incapaces de seguir. El ministerio ha sido o es un martirio final para ellos.

No es de extrañar, pues el mismo Jeremías llegó a exclamar, "La palabra de Jehová me ha sido para afrenta y escarnio cada día. ¡No me acordaré más de él ni hablaré más en su nombre!" (Je 20:8-9). Pero Jeremías, pese a su declaración y aparente determinación de abandonar, siguió adelante ejerciendo su ministerio porque, como confiesa a continuación: "No obstante, había en mi corazón como un fuego ardiente metido en mis huesos. Traté de resistirlo, pero no pude" (Je 20:9). Tras el momento depresivo, razonable, dado su ministerio absolutamente contracorriente, echa mano de sus profundas convicciones y exclama: "Mas Jehová está conmigo como un poderoso gigante; por tanto, los que me persiguen tropezarán y no prevalecerán" (Je 20:11).

Como simples seres humanos que somos, estamos sometidos a todo tipo de situaciones que afectan a nuestro sistema emocional. Los Salmos son una muestra clara de esto, pues son la expresión más genuina del alma de quienes los escribieron, seres humanos sometidos a presión, a veces una presión insostenible, o exultantes ante la bendición.

Una buena base de equilibrio emocional para los pastores proviene de algo que recibimos como un regalo de Dios: la familia. Satanás trata por todos los medios de destruirla o, como mínimo, de desvirtuarla de como la diseñó Dios, inventando infinitos modelos que solo tienen por fin desdibujarla y hacerle perder su carácter equilibrante que posee para las personas.

Salud espiritual

Ya hemos hablado al principio de este libro de la familia. Ahora se trata de resaltar el papel importantísimo que representa en la vida de quienes servimos al Señor. Mi esposa Pilar siempre pensó y practicó —no sin ser criticada por algunas personas— que su primera y principal «iglesia» eran nuestros cinco hijos. Los resultados los hemos visto con el tiempo.

Desde el principio, las Escrituras dejan claro el pensamiento de Dios: "No es bueno que el hombre esté solo: le haré ayuda idónea para él" (Gé 2:18). Esa ayuda idónea es la mujer, a la que Adán acogió asombrado exclamando, "¡Esta sí que es hueso de mis huesos y carne de mi carne!" (Gé 2:23). De seguro que quedó maravillado por su belleza, viéndose reflejado en ella. Más adelante, en el libro de Eclesiastés se dice: "Goza de la vida con la mujer que amas, todos los días de la vida vana que te son dados debajo del sol" (Ec 9:9).

La armonía y el buen entendimiento entre el marido y la mujer en la familia pastoral son fundamentales para el ministerio. Cuando no existe la armonía ni el entendimiento, sobre todo si las desavenencias son públicas, con el mal testimonio correspondiente, el ministerio se ve seriamente perjudicado. Lo peor sucede cuando ocurre una ruptura, sea mediante divorcio o por infidelidad de uno de los cónyuges.

Cuando se vive en común, siempre hay momentos y situaciones que ponen a prueba la convivencia, tensiones, discusiones, etc. pero se supone que los cristianos deberíamos gestionar estas situaciones con cierta ventaja, puesto que tenemos enseñanzas prácticas de cómo actuar, además de recursos poderosos como son los frutos del Espíritu, el amor, la benignidad y la capacidad de perdón, la humildad, etc.

Los desequilibrios familiares afectan a nuestra salud emocional y también, sin duda, a nuestra salud espiritual. Un pastor ha de ser sano en estas tres áreas de la vida: cuerpo, alma y espíritu. Podemos enfermar físicamente, como todo el mundo, porque nuestros cuerpos son mortales y se debilitan con el tiempo de una u otra manera, pero hemos de intentar vivir sanamente. En cuanto a lo emocional, siendo nuestras emociones también un campo frágil e inestable, también pueden sufrir momentos de decaimiento, desánimo o frustración, pero si tenemos buenos fundamentos espirituales seremos capaces de superar los momentos depresivos. Pero lo que no nos podemos permitir ni por un momento es que nuestra salud espiritual decaiga en ninguna manera.

Pablo, en sus cartas pastorales insiste en la necesidad de mantener la «sana doctrina» y en ser «sanos en la fe». Ambas cosas van juntas, como una buena y sana alimentación y la salud del cuerpo. Una vida espiritual sana tiene, pues, que ver con una buena relación con Dios en todas sus dimensiones, lo que en el lenguaje bíblico se llama «piedad». Viene al caso aquí la exhortación que Pablo le hace a Timoteo a la que nos hemos referido antes hablando del ejercicio físico: "Ejercítate para la piedad, porque el ejercicio corporal para poco es provechoso, pero la piedad para todo aprovecha, pues tiene promesa de esta vida presente y de la venidera" (1 Ti 4:7-8). La salud espiritual, la piedad o carácter divino en nuestra propia vida, produce beneficios terrenales y, por supuesto, celestiales.

Ser pastor, servir al Señor, implica ser piadoso, que es lo contrario de ser profano. Sabemos lo que dice la Escritura: "Que no haya ningún fornicario o profano, como Esaú, que por una sola comida vendió su primogenitura" (He 12:16). Somos profanos cuando anteponemos lo terreno a lo celestial, cuando nos importan más las cosas de este mundo que las que tienen que ver con Dios. Conocemos de memoria las palabras de Juan: "No améis al mundo ni las cosas que están en el mundo. Si alguno ama al mundo, el amor del Padre no está en él, porque nada de lo que hay en el mundo, los deseos de la carne, los deseos de los ojos y la vanagloria de la vida, proviene del Padre, sino del mundo. Y el mundo pasa, y sus deseos, pero el que hace la voluntad de Dios permanece para siempre" (1 Jn 2:15-17).

¿Significa esto que como pastores solo podemos estar interesados en las cosas de la iglesia? ¿Qué no podemos tener un momento de diversión o de esparcimiento? ¿Qué únicamente hemos de estar ocupados orando, leyendo la Biblia, predicando, visitando enfermos, testificando, etc.? No, de ningún modo. Una vida piadosa no impide ni elimina el disfrutar de la vida, siempre que sea sanamente. Las Escrituras contienen numerosas alusiones a la bendición de disfrutar de cuanto Dios ha creado. Una cosa es la sobriedad, que implica equilibrio, y otra muy distinta el ascetismo, que por si alguno no lo sabe, tiene su origen en la filosofía griega, en las enseñanzas y las prácticas de los estoicos, al menos en lo que tiene que ver con el cristianismo. Como afirma el apóstol Pablo, "Si habéis muerto con Cristo en cuanto a los rudimentos del mundo, ¿por qué, como si vivierais en el mundo, os sometéis a preceptos tales como: «No uses», «No comas», «No toques»? Todos estos preceptos son solo mandamientos y doctrinas de hombres, los cuales se destruyen con el uso. Tales cosas tienen a la verdad cierta reputación de sabiduría, pues exigen cierta religiosidad, humildad y duro trato del cuerpo; pero no tienen valor alguno contra los apetitos de la carne" (Col 2:20-23).

Pero la piedad no es misticismo, ni mojigatería, ni religiosidad, ni santurronería, cosas todas ficticias y aparentes. La verdadera piedad es algo real y poderoso, porque refleja el carácter de Dios en nuestra vida. Esa es la que debemos buscar y practicar, y no la otra que es falsa piedad.

CAPÍTULO 22

Dar cuentas

Ya nos hemos referido con brevedad a este asunto antes, en medio de otra temática más amplia, al hablar de liderazgo, pero merece la pena que en esta tercera parte del libro ampliemos nuestra reflexión al respecto, puesto que es una cuestión sumamente importante para el ministerio.

Nadie es completamente autónomo en lo que se refiere al ministerio cristiano. La palabra autonomía no es sinónimo de independencia, como bien sabemos. Significa una importante y relativa capacidad para gestionarse por sí mismo, pero no la capacidad soberana que está algún escalón más arriba, si utilizamos una imagen espacial para situarnos.

Por ejemplo, España es un país cuyo estado se conoce como «Estado de las Autonomías». Estas se corresponden más o menos con las antiguas regiones tradicionales; tienen sus parlamentos y gobiernos autonómicos, establecen sus propias leyes en lo que les concierne, pero según la Constitución Española de 1978, aprobada mayoritariamente por todas las fuerzas políticas y por el propio pueblo español, que es la que les confiere su razón de ser, la soberanía reside en este pueblo como un todo y no en ninguna de sus partes.

Las iglesias evangélicas —es decir, quienes las componemos— solemos decir que las iglesias locales son soberanas, haciendo de esta declaración doctrina. No deja de ser una forma de hablar algo exagerada, porque al mismo tiempo proclamamos la soberanía de Dios, y es evidente que no puede haber dos soberanías en un mismo ámbito. En lo que concierne a la iglesia de Dios, solo él es soberano. Lo que se intenta decir es que no hay ninguna autoridad humana por encima de la iglesia local; que se pueden establecer estructuras de compañerismo y comunión, según afinidades doctrinales, de gobierno o de cualquier otra índole, pero que no existe ninguna autoridad jerárquica humana por encima del gobierno de la iglesia local.

Los pastores, por tanto, somos líderes de nuestras iglesias, dirigentes del pueblo de Dios, pero no reyes, monarcas o amos, como bien deja claro el apóstol Pedro, elevado por algunos, siglos más tarde, ausente y sin su consentimiento, al papel de «soberano de la iglesia» o papa, cuando nos recuerda a quienes lideramos al pueblo de Dios como él mismo lo hacía: "no teniendo señorío[51] sobre los que están a vuestro cuidado, sino siendo ejemplos de la grey" (1 P 5:3). A continuación, menciona al Príncipe[52] de los pastores en clara referencia a Jesucristo, lo cual quiere decir que no hay ningún otro por encima de ellos.

Como evangélicos estamos en contra del papado como sistema de gobierno de la iglesia; sin embargo, algunos dirigentes eclesiásticos lo practican en pequeña escala cuando establecen un sistema de gobierno absoluto, donde solo se hace lo que digan ellos, sin participación alguna del pueblo de Dios, aunque en general, lo normal es que el gobierno de la iglesia, sea de tipo episcopal, presbiteriano o congregacionalista, se lleve a efecto con participación del pueblo de Dios.

Nuestra autoridad nunca es ni puede ser absoluta; siempre será una autoridad delegada y, por tanto, limitada. Dios como único soberano es quien delega en nosotros, debiendo nosotros, por tanto, dar cuentas de nuestra gestión ante él. Las parábolas de los talentos nos ilustran este tipo de relación y, aunque son aplicables a todos los creyentes, cuánto más a nosotros que desempeñamos responsabilidades de gobierno en la casa de Dios, de la que somos mayordomos. Toda mayordomía, por definición, implica rendición de cuentas ante el señor de la casa.

---

[51] Gr. κατακυριεύοντες, *katakirieuntes*, sometiendo o doblegando a otros, asumiendo su dominio como amos o señores de las personas.

[52] Gr. ἀρχιποίμενος, *arjipoimenos*, el principal de los pastores o mayoral.

Hebreos 13:17 es explícito al respecto: habremos de «dar cuenta» de cómo hemos desempeñado nuestra responsabilidad, de cómo hemos ejercido nuestra autoridad pastoral; y es evidente el deseo de Dios de que lo hagamos «con alegría», es decir, satisfactoriamente para todas las partes implicadas.

¿Somos realmente conscientes de esta realidad? Recordemos la reflexión final de la parábola referida por Lucas:

> ¿Quién es el mayordomo fiel y prudente al cual su señor pondrá sobre su casa para que a tiempo les dé su ración? Bienaventurado aquel siervo al cual, cuando su señor venga, lo halle haciendo así. En verdad os digo que lo pondrá sobre todos sus bienes. Pero si aquel siervo dice en su corazón: «Mi señor tarda en venir», y comienza a golpear a los criados y a las criadas, y a comer y a beber y a embriagarse, vendrá el señor de aquel siervo en día que este no espera y a la hora que no sabe, y lo castigará duramente y lo pondrá con los infieles. (Lc 12:42-46).

Hay dos modelos de siervos reflejados aquí: uno responsable y diligente, al que se le considera «fiel y prudente», que provee para aquellos a quienes sirve «a tiempo», con oportunidad. Otro negligente, descuidado y desconsiderado con sus consiervos, a los que maltrata sin respeto alguno, a la vez que se permite cometer toda clase de excesos. El primero es digno de elogio y de remuneración; el segundo de reprensión y castigo. No pensemos que nuestra negligencia o desidia en el ministerio quedará impune, pues "cada uno recibirá su recompensa conforme a su labor, porque nosotros somos colaboradores de Dios, y vosotros sois labranza de Dios, edificio de Dios" (1 Co 3:8-9); y sigue diciendo Pablo, "la obra de cada uno se hará manifiesta, porque el día la pondrá al descubierto, pues por el fuego será revelada. La obra de cada uno, sea la que sea, el fuego la probará" (1 Co 3:13).

Pero además de tener que comparecer un día delante del Señor para dar cuenta de nuestra mayordomía, también aquí tenemos que hacerlo frente a la iglesia del Señor, por la confianza depositada en nosotros al aceptarnos como pastores. En primer lugar, todos somos interdependientes, aun respetando la posición y la función que cada uno desempeña en el cuerpo de Cristo. La enseñanza de Pablo es clara y contundente: "Someteos[53] unos a otros en el temor de Dios" (Ef 5:21). Esta es enseñanza general, dirigida a todos sin distinción. Después, el apóstol se dirigirá a los esposos y esposas para corregir lo que suele ser deficiente en cada uno: el amor debido en el hombre y la sujeción en la mujer. Este sometimiento mutuo falla muy a menudo en todos los ámbitos de la vida cristiana, sobre todo cuando prevalece el individualismo y los personalismos, tan típicos de nuestra cultura occidental. Nadie quiere estar sometido a nadie ni a nada; todo el mundo quiere ser su propio rey y señor. Es frase común decir, «¡Yo no tengo por qué darle cuentas a nadie!», y nos quedamos tan contentos, pensando que somos seres libres. ¡Claro que sí, que somos seres libres! Y lo somos porque así nos ha creado Dios; pero la libertad implica responsabilidad; es decir, que podemos hacer lo que nos parezca oportuno, pero habremos de dar cuentas por ello, porque nuestros actos tienen repercusiones externas, sobre los demás, sobre nuestro entorno y sobre nosotros mismos, de lo cual, no siempre somos conscientes. Por eso las sociedades humanas se constituyen sobre lo que se viene a llamar «el contrato social», o sea, el acuerdo entre unos y otros para convivir de manera constructiva y en paz, respetándose los unos a los otros y avanzando hacia cotas mayores de satisfacción y bienestar. Las sociedades donde este pacto funciona correctamente son las más libres y las más prósperas, porque se respetan con justicia los derechos de las personas y las leyes establecidas por el consenso del pueblo. Cuando Dios le da a Moisés leyes para del pueblo de Israel, no todas esas leyes eran de carácter religioso, ceremonial o simbólicas, anunciadoras de la obra de redención futura; muchas de ellas leyes eran leyes civiles, destinadas a establecer estructuras sociales donde prevaleciera el respeto entre las personas; personas libres, pero responsables las unas frente a las otras. "Todo me es lícito —dice el apóstol Pablo— pero no todo conviene; todo me es lícito, pero no todo edifica" (1 Co 10:23).

Como líderes de nuestras iglesias respondemos, además de ante Dios que nos puso en el ministerio, también ante nuestra propia congregación a la que servimos y que espera de nosotros, en primer lugar, un comportamiento ético que se corresponda con nuestra función

---

[53] Ὑποτασσόμενοι, *hypotassomenoi*, estar debajo o sometido.

como representantes de Dios; y, en segundo lugar, que ese comportamiento esté a la altura de las necesidades de la congregación. Se espera de nosotros honestidad, dedicación, responsabilidad, eficiencia en nuestra labor, liderazgo. Además, en un plano de actuación más elevado aun, se espera que lo hagamos con actitudes adecuadas, lo que implica amor, respeto, sensibilidad, etc. sin las cuales todo lo anterior sería mero profesionalismo. Dios ha prometido a su pueblo pastores «conforme a su corazón»[54], que sientan como él, que tengan su misma visión, que estén animados por el mismo amor y la misma compasión, capaces de apacentar al pueblo de Dios con «conocimiento e inteligencia»; el conocimiento de la voluntad de Dios y su sabiduría, no la meramente humana adquirida quién sabe dónde, puede que hasta en seminarios o universidades[55], y que propicia enfrentamientos y disputas inútiles entre creyentes, "cuestiones y contiendas de palabras —según palabras del mismo apóstol Pablo— de las cuales nacen envidias, pleitos, blasfemias, malas sospechas, discusiones necias de hombres corruptos de entendimiento y privados de la verdad, que toman la piedad como fuente de ganancia" (1 Ti 6:4-5). Como escribe Santiago, "No es esta la sabiduría que desciende de lo alto, sino que es terrenal, animal, diabólica, pues donde hay celos y rivalidad, allí hay perturbación y toda obra perversa. Pero la sabiduría que es de lo alto es primeramente pura, después pacífica, amable, benigna, llena de misericordia y de buenos frutos, sin incertidumbre ni hipocresía" (St 3:15-17). Ese tipo de «sabiduría», si se la puede llamar así, fue la que produjo las grandes herejías de los primeros siglos, cismas y rupturas, abusos de autoridad, hogueras y tantos otros males que han aquejado a la iglesia de Jesucristo durante siglos de historia y, desgraciadamente, aun siguen perjudicándola hoy. Por el contrario, nuestro conocimiento e inteligencia que como pastores según el corazón de Dios hemos de manifestar se logra hablando, "no con palabras enseñadas por la sabiduría humana, sino con las que enseña el Espíritu, acomodando lo espiritual a lo

---

[54] Jeremías 3:15.

[55] No se entienda esta alusión como de menosprecio o ataque. Manifiesto mi más profundo y elevado aprecio y respeto a ambos tipos de instituciones, seminarios y universidades, por la inmensa labor que realizan a favor de la instrucción y el necesario debate de todas las cuestiones del saber humano. El problema no está en las instituciones sino en el corazón de enseñantes y enseñandos, cuando dejan que el orgullo domine sus mentes y corazones.

espiritual" (1 Co 2:13). Ya hemos hablado de aquellos supuestos paladines «defensores de la fe» que arremeten contra otros creyentes a los que consideran «conspiradores» contra las Escrituras, o servidores de Satanás porque, según ellos, promueven enseñanzas contaminantes o que, simplemente, no están de acuerdo con sus criterios personales de lo que consideran «lo bíblico y ortodoxo». Olvidan la enseñanza bíblica: "Hermanos, si alguno es sorprendido en alguna falta, vosotros que sois espirituales, restauradlo con espíritu de mansedumbre, considerándote a ti mismo, no sea que tú también seas tentado (…) El que se cree ser algo, no siendo nada, a sí mismo se engaña. Así que, cada uno someta a prueba su propia obra y entonces tendrá, solo en sí mismo y no en otro, motivo de gloriarse, porque cada uno cargará con su propia responsabilidad" (Gá 6:1,3-5). Así es como debemos de actuar, de lo cual también habremos de responder ante el Señor.

En un modelo de liderazgo compartido, como lo es generalmente el que requiere el gobierno de la iglesia del Señor, la autoridad delegada exige que cada persona que desempeña algún nivel de autoridad haya de dar cuenta del desempeño de su función. Los diferentes ministros y responsables que existen en la congregación local forman —o deben formar— un equipo de trabajo en el que todos son interdependientes. La labor de uno repercute en la de otro; si uno falla, el equipo entero falla, pues basa el éxito de su labor en la conjunción armónica de todos sus componentes. Gutiérrez Conde subraya la necesidad de distinguir entre lo que es un *grupo* y un *equipo*. En la iglesia podemos reunir un grupo de supuestos *colaboradores*, pero la eficiencia ministerial solo se conseguirá si logramos construir un equipo. El grupo está formado por individualidades; cada cual tiene sus propios fines, su propia agenda. El equipo es un organismo integrado que persigue un fin único y común, la agenda es única. Reunir un grupo es relativamente fácil; crear un equipo es más difícil y requiere dedicación y esfuerzo. Dice el citado autor:

Llegar a conformar un equipo de élite significa, además, conquistar el interior de los individuos componentes, lo cual consigue una maravillosa dotación de energía y una resistencia y dureza imprescindibles para superar las situaciones difíciles y los más duros retos. (…) El equipo consigue su cénit cuando logra el «clímax emocional» en que todos sienten que el todo global es prioritario y anterior a lo parcial individual.[56]

No hay equipo sin alma; no basta fijar los fríos objetivos o metas y gritar «¡A por ellos!». La iglesia es cuerpo de Cristo, no una maquinaria compuesta por engranajes rígidos como los que componen un reloj y que, si están bien diseñados y ajustados, proporcionan movimiento y precisión. La iglesia es un cuerpo vivo y como tal, está dotada de movilidad; pero no solo, pues también crece, «deviene» en el tiempo, como todo lo que está vivo; y que, además, siente y padece. Como ente vivo dotado de inteligencia posee una cierta dosis de imprecisión, de imprevisibilidad, puesto que posee la capacidad de autodeterminarse; eso la hace a la vez responsable de sus propias decisiones.

Añade el citado autor que "cuidar el equipo requiere tiempo de dedicación a las personas, cariño, compromiso en las relaciones y una verdadera ilusión en los proyectos que se acometen" (p. 191). Llegar a formar equipo es para él imprescindible si deseamos generar la máxima energía de trabajo y, por tanto, los mejores resultados en nuestra labor. La participación sincera y leal de todos y cada uno de los miembros del equipo proporciona el necesario contraste de opiniones para trazar la mejor estrategia de trabajo para alcanzar los fines deseados. El Libro de Proverbios nos proporciona los siguientes consejos, todos ellos muy sabios:

- "Donde no hay dirección sabia, el pueblo cae; la seguridad está en los muchos consejeros". (Pr 11:14).
- "Los pensamientos se frustran donde falta el consejo, pero se afirman con los muchos consejeros". (Pr 15:22).
- "Porque con ingenio harás la guerra, y en los muchos consejeros está la victoria". (Pr 24:6).

Los muchos consejeros forman el equipo. Ellos contribuyen con su aportación a la dirección sabia que proporciona seguridad, afirman los planes e impiden que se frustren, y acrecientan el ingenio para llegar a la victoria. El equipo aporta opiniones contrastadas que enriquecen

---

[56] *Liderazgo por impulsión*, p. 190.

el debate y hacen reflexionar, tanto a quien lo lidera como al resto de sus componentes, pero tal contribución solo es posible si hay lealtad interna entre los distintos miembros del equipo; lealtad hacia el líder, lealtad de los unos hacia los otros y lealtad del líder para con su equipo. Como dice Gutiérrez Conde, la "lealtad es algo muy diferente de la sumisión" (p. 193). No se trata de acatar sin discusión las ideas del líder, ni de obediencia ciega. Explica también, "Que un equipo defina sus propias estrategias negociadoras y que exija la estricta aplicación del principio de lealtad a todos sus miembros no está reñido con que las personas debatan sus formas de ver y diferentes ideas respecto al modo de llevar a cabo el mejor desarrollo posible" (p. 192).

Lealtad, en relación con el trabajo en equipo, es aportar con sinceridad la propia opinión sin temor a ser menospreciado o reprimido por ello, independientemente del resultado y fin de la propuesta, asumiendo la decisión final del equipo nos sea o no favorable. Si en algún momento quedara comprometida la propia conciencia, entonces solo cabría la no participación en el proyecto y, en última instancia, el abandono del equipo, pero de manera coherente y pacífica, sin desplantes ni revanchas, con elegancia y magnanimidad. Hemos de ser leales al equipo, pero también a nuestra propia conciencia.

Con todo, no olvidemos que el juez supremo de nuestras decisiones y de nuestros actos es Dios. Por eso Pablo reconoce: "Aunque de nada tengo mala conciencia, no por eso soy justificado; pero el que me juzga es el Señor. Así que no juzguéis nada antes de tiempo, hasta que venga el Señor, el cual aclarará también lo oculto de las tinieblas y manifestará las intenciones de los corazones. Entonces, cada uno recibirá su alabanza de Dios" (1 Co 4:4-5).

CAPÍTULO 23

¿Merece la pena?

Pensemos en aquellos mártires que dieron su vida por el evangelio. ¿Les mereció la pena? Ciertamente, son ellos quienes habrían de contestar, pero como es evidente, no podemos preguntárselo directamente, aunque tenemos sus propios testimonios recogidos por la historia. Por eso se les llama y se les reconoce como mártires, porque mantuvieron firme sus testimonios aun en medio de la persecución hasta incluso llegar a pagar con sus propias vidas.

El Libro de los Hechos nos narra cómo Pedro y Juan fueron detenidos por las autoridades religiosas judías, quienes los mandaron azotar. Cuando los soltaron, "ellos salieron de la presencia del concilio, gozosos de haber sido tenidos por dignos de padecer afrenta por causa del Nombre" (Hch 5:41). Todo indica que dieron por bueno lo ocurrido, asumiendo como un privilegio el sufrir por Cristo.

Años después, el apóstol Pablo, cuyo ejemplo hemos seguido paso a paso en este libro, sabiendo que va a ser llevado a la muerte, víctima de la persecución desatada contra los cristianos en tiempos del emperador Nerón, confiesa a su discípulo Timoteo, a quien amaba como a un hijo: "Yo ya estoy próximo a ser sacrificado. El tiempo de mi está cercano. He peleado la buena batalla, he acabado la carrera, he guardado la fe. Por lo demás, me está reservada la corona de justicia, la cual me dará el Señor, juez justo, en aquel día; y no solo a mí, sino también a todos los que aman su venida" (2 Ti 4:6-8). ¿Se vislumbra en estas palabras alguna expresión de abatimiento, de desesperación o sentimiento de fracaso? ¿Hay queja o reproche en ellas? ¿No se percibe más bien una apacible convicción de victoria y el sentimiento de haber cumplido una misión sublime que va a ser recompensada en breve con la más alta de las distinciones? Este Pablo que durante su ministerio había expresado abiertamente cuál era su sentir, escribiendo "porque para mí el vivir es Cristo y el morir, ganancia. Pero si el vivir en la carne resulta para mí en beneficio de la obra, no sé entonces qué escoger: De ambas cosas estoy puesto en estrecho, teniendo deseo de partir y estar con Cristo, lo cual es muchísimo mejor" (Fil 1:21-23). No parece que su visión del ministerio al servicio del Señor fuera en absoluto negativa o pesimista. Para él era un privilegio en la tierra y algo glorioso en el cielo, una vez traspasado el umbral de la muerte; algo «muchísimo mejor», como reconoce también ante los corintios: "Por tanto, no desmayamos; antes, aunque este nuestro hombre exterior se va desgastando, el interior no obstante se renueva de día en día, pues esta leve tribulación momentánea produce en nosotros un cada vez más excelente y eterno peso de gloria; no mirando nosotros las cosas que se ven, sino las que no se ven, pues las cosas que se ven son temporales, pero las que no se ven son eternas" (2 Co 4:16-18).

Las actas de los mártires recogen, entre otros testimonios, la oración que Policarpo, obispo de Esmirma (70-156 d.C.) pronunció antes de entregar su cuerpo a las llamas. La reproducimos aquí a modo de ejemplo:

> Dios de los ángeles, Dios de los arcángeles, resurrección nuestra, perdón del pecado, rector de todos los elementos del universo, protector de todo el linaje de los justos que viven en tu presencia: yo te bendigo por servirte y haberme tenido digno de estos sufrimientos, para que, por medio de Jesucristo y en la unidad del Espíritu Santo, reciba mi parte y corona del martirio, principio del cáliz. Así, cumplido el sacrificio de este día, alcanzaré las promesas de tu verdad. Por esto te bendigo en todas las cosas y me glorío por medio de Jesucristo, pontífice eterno y omnipotente; por el cual, con el cual y con el Espíritu

Santo te sea a ti toda gloria ahora y en el futuro, por los siglos de los siglos. Amén.[57]

Al igual que Pablo, no vemos en las palabras de esta oración atisbo alguno de amargura o frustración ante la terrible suerte que esperaba al anciano obispo. El testimonio de muchos otros mártires nos reafirma en la convicción de que servir al Señor Jesucristo como testigos de su obra redentora y transformadora vale la pena. Ellos entregaron sus vidas al tormento y a la muerte gozosos, sabiendo que lo que les esperaba era «muchísimo mejor» que la liberación y la seguridad momentáneas que les ofrecían las autoridades romanas, en contraposición con la gloria eterna en la presencia del Dios vivo, creador de todo cuanto existe y Señor de la vida. La convicción profunda del apóstol Pablo era esta: "El Señor me librará de toda obra mala y me preservará para su reino celestial" (2 Ti 4:18).

A lo largo de mis años de ministerio pastoral he visto a muchos pastores deprimidos en determinados momentos de sus vidas; algunos desanimados, incluso amargados. Los he visto luchar, enfrentarse a grandes desafíos, intentar lo mejor para sus iglesias, sufrir la incomprensión de muchos, soportar cómo sufrían sus esposas y sus hijos, incluso viendo a algunos de ellos alejarse del Señor como consecuencia de algunas de esas situaciones injustas. He visto tirar la toalla a jóvenes que creo que habían sido realmente llamados al ministerio, rotos antes de tiempo, triturados por las circunstancias y ante la indiferencia de muchos. Posiblemente llegaron a pensar que no merecía la pena; que lo que habían imaginado era otra cosa. Puede que les pasara lo que a Juan Marcos, que pensaran que aquello les quedaba grande, no lo sé. Pero sé que el testimonio de muchos otros —la mayoría— es positivo; que a pesar de las dificultades, de la oposición, del desaliento momentáneo en determinados momentos, se las averiguaron para seguir en la brecha, luchando con tesón confiados en quien nos sostiene con su fuerza y su poder. Quizás contaron con la ayuda oportuna de alguien a su lado más experto, con la visión y el discernimiento suficientes para ver en ellos un buen potencial que merecía la pena no ser desaprovechado y

---

[57] http://www.mg.org.mx/biblioteca/A/42.pdf

les echaron una mano con sus consejos, sus ánimos y sus oraciones, que creyeron en ellos y así se lo dejaron saber.

El pastorado y el ministerio en general son obra del Espíritu Santo; son un trabajo para verdaderos mártires; gente capaz de dar la vida por Cristo en el día a día, aunque no haya cárceles, ni hogueras, ni fieras rugientes que nos devoren —más allá de las metafóricas. La misma vida ya lo hace, con sus contratiempos, sus dificultades y las continuas asechanzas de Satanás, quien nos ronda viendo a quién poder arrastrar a la ruina, al descrédito, al abandono de la tarea encomendada. No nos podemos dejar avasallar, ni derrotar. Echemos mano de tantos ejemplos que tenemos en las Escrituras, en la historia o a nuestro alrededor.

Concluyendo este capítulo y este libro, pienso que sí vale la pena servir al Señor. Pastorear la grey de Dios es un privilegio que solo corresponde a quienes son llamados por él a tal efecto. Tras más de cuatro décadas ejerciendo como pastor junto a mi esposa, me siento satisfecho con lo que el Señor ha hecho en nosotros y en aquellos a quienes hemos servido. Hemos cometido errores, y seguramente los seguiremos cometiendo; pero hemos intentado siempre ajustarnos a la voluntad de Dios y hacerlo lo mejor que hemos sabido y podido. Nos han guiado siempre las mejores de las intenciones. De todo ello hemos aprendido y, en parte, intento compartirlo al escribir acerca de esta tarea sublime. Quienes nos precedieron en el ministerio nos enseñaron todo lo que ellos sabían y los inspiraba; por eso les debemos igualmente un profundo agradecimiento por su dedicación y amor con que nos animaron y nos guiaron, pertrechándonos con cuantos recursos estimaron importantes para nuestro propio caminar. Confiaron en nosotros, nos formaron en la medida de sus posibilidades y nos impulsaron al servicio. Hacemos nuestras las palabras de Pablo a Timoteo: "Doy gracias al que me fortaleció, a Cristo Jesús, nuestro Señor, porque, teniéndome por fiel, me puso en el ministerio, habiendo yo sido antes blasfemo, perseguidor e injuriador; pero fui recibido a misericordia porque lo hice por ignorancia, en incredulidad. Y la gracia de nuestro Señor fue más abundante con la fe y el amor que es en Cristo Jesús" (1 Ti 1:12-14). Esa abundante gracia de Dios es la que lo ha hecho posible. A él sea la gloria siempre. Amén.

EPÍLOGO

En mi reflexión final, al concluir este libro en el que he vertido una buena parte de mis sentimientos personales tras años de ministerio pastoral, tengo que reconocer que ser pastor no es una tarea fácil. Cuando el Señor da instrucciones a Ananías acerca de Saulo, le dice: "Instrumento escogido me es este para llevar mi nombre en presencia de los gentiles, de reyes y de los hijos de Israel, porque yo le mostraré cuánto le es necesario padecer por mi nombre" (Hch 9:15-16). Este es el caso específico del apóstol Pablo. El de cada uno de nosotros es otro, personal e intransferible. Pero el privilegio de ser llamado al servicio del Maestro como pastor lleva aparejado también un precio y unos requisitos. El transcurso de nuestra carrera nos irá revelando paso a paso cuál ha de ser el devenir de nuestro ministerio según el propósito divino para cada uno de nosotros.

Somos herederos de quienes nos precedieron. Les debemos mucho de cuanto somos hoy. Aprendimos de sus aciertos y de sus errores, como lo hacemos de cuanto nos acontece a nosotros mismos. El tiempo que Dios nos ha concedido en la vida es la oportunidad única que tenemos para desarrollar sus carismas o «gracias» que ha derramado sobre nosotros y a través nuestro para el logro de sus objetivos y el cumplimiento de su propósito en nosotros. Esta será la regla por la que se nos medirá o evaluará cuando comparezcamos ante él para dar cuenta de nuestra mayordomía. Antes de partir, como hicieron nuestros predecesores, habremos de dejar a quienes nos han de suceder un legado claro, un mandato divino que facilite y permita que la obra de Dios siga adelante, según el propósito de Dios, pues este propósito no acaba en nosotros, como no acabó en quienes fueron nuestros mentores, sino que sigue en tanto que el Espíritu de Dios sigue obrando en este mundo, hasta la venida del Señor Jesús, cuando todas las cosas se cumplan en el plan eterno de Dios.

A modo de colofón, me parece interesante resumir a continuación siete consejos que Ronnie W. Floyd dedica a los pastores en lo que es su aportación a la obra conjunta *Portraits of a Pastor*, a la que nos hemos referido en alguna ocasión a lo largo de este libro:

1. Dedica tus mañanas a Dios
2. Deja que sea Dios quien te promueva
3. Niégate a sacrificar a tu familia en el altar del éxito ministerial
4. No pierdas tu liderazgo muriendo en los lugares altos equivocados
5. No dejes a nadie fuera de tu círculo de amor
6. Desea siempre ir a donde sea y en cualquier momento para hacer cualquier cosa que Dios quiere que hagas
7. Recuerda que Dios puede hacer más en un momento que tú en toda una vida

Medita, querido lector, en cada uno de estos sabios consejos. Sin duda, son fruto de la experiencia del autor.

Mi deseo es que lo escrito en este libro te sea útil en alguna medida para el desarrollo de tu ministerio, sea cual sea, pero sobre todo si es el de pastor, joven o viejo, hombre o mujer, pero con un llamamiento claro al servicio del Señor.

Mi oración es que Dios haga prosperar cuanto emprendas para su gloria en su bendita voluntad. Es ahí donde está el éxito del cristiano.

BIBLIOGRAFÍA

ALLEN, Jason, Ed. VV. AA., *Portraits of a Pastor*. Moody Pub. Chicago, 2017.

ARTHUR, Randall, *Hermandad de Traidores*. Multinomah Books, Colorado Spring, CO, 2012.

BAENA ACEBAL, José Mª, *Llamados a servir, Una guía vocacional para iniciarse en el servicio cristiano*. Sefarad, Madrid, 2015.

_____ Pastores para el Sigo XXI, CLIE, Viladecavalls, 2018.

COLLINS, Gary y MIJANGOS, Sergio, *Consejería Cristiana Efectiva*. Grand Rapids, MI, 1992.

COLLINS, James C., *Good to Great: Why Some Companies Make the Leap... and Others Don't*. Harper, 2001.

BITTEL, Lester R., *Leadership. The key to management success*. Franklin Watts, New York, 1984.

CLOUSE, Bonnidell y Robert G. (Ed.), *Mujeres en el ministerio: Cuatro puntos de vista*. CLIE, Viladecavallas, 2005.

COVEY, Stephen R., *Los 7 hábitos de la gente altamente efectiva*. Paidós, Barcelona, 1990.

DIAS LOPES, Hernandes, *De pastor a pastor: principios para ser un pastor según el corazón de Dios*. CLIE, Viladecavalls, 2013.

ESCOBAR, Mario, *La soledad del liderazgo*. Grupo Nelson, Nashville, 2014.

FEE, Gordon D., *Comentario de las Epístolas a 1ª y 2ª de Timoteo y Tito*. CLIE, Viladecavalls, 2008.

GOLEMAN, Daniel, *Inteligencia Emocional*. Kairós,

GUTIÉRREZ CONDE, Julián, *Liderazgo por impulsión*. Pirámide, Madrid, 2013.

HAMMAR, Richard R., *Pastor, Church & Law*. Gospel Publishing House, Springfield, Missouri, 1983.

HARRISON, Buddy, *Understanding Authority For Effectif Leadership*. Harrison House, Tulson, Oklahoma, 1982.

HIGHTOWER, James, *El cuidado pastoral. Desde la cuna hasta la tumba*. Casa Bautista de Publicaciones, El Paso, 1989.

HYBELS, B., BRISCOE, S. y ROBINSON, H., *Predicando a personas del S. XXI*. CLIE, Viladecavalls, 2008.

JIMÉNEZ, Pablo A., *La predicación en el siglo XXI: Homilética Liberacional y Contextual*, CLIE, Viladecavalls, 2009.

LIFE WAY CHRISTIAN RESOURCES, *Manejando su Dinero con Éxito: Poniendo en Práctica los Principios Financieros de Dios*. Life Way, 2001.

KEMP, Jaime, *Pastores en perigo: Ajuda para o pastor, esperança para a igreja*. Hagnos, Sâo Paulo, 2014.

KLEINKE, Chris L., *Meeting & Understanding People*. Freeman & Co. Oxford.

LEURO, Esperanza, *Comunicación eficaz y positiva*. 2ª Ed. Libro Hobby-Club, Madrid, 2001.

LUTZER, Erwin, *De pastor a pastor. Cómo enfrentar los problemas del ministerio*. Portavoz, Grand Rapids, 1999.

MACARTHUR, John, *Sermones Temáticos sobre Pablo y Liderazgo*. CLIE, Viladecavalls, 2016.

MARINA, José Antonio, *La pasión del poder. Teoría y práctica de la dominación*. Anagrama, Barcelona, 2008.

MAXWELL, John C., *Desarrolle los Líderes que Están Alrededor de Usted*. Caribe, 1993.

NAVAJO, José Luis, *No confundas*. CLIE, Viladecavalls, 2017.

PÉREZ MILLOS, Samuel, *Comentario Exegético al Texto Griego del Nuevo Testamento: 1ª y 2ª Timoteo, Tito y Filemón.* CLIE, Viladecavalls, 2016.

PIPER, John, *Hermanos, no somos profesionales (El mundo determina la agenda profesional, Dios la del hombre espiritual.* CLIE, Viladecavalls, 2011.

RAINERT, Thom S., *I Am a Church Member.* B&H Publishing Group, Nashville, Tennessee, 2013.

REILAND, Dan, *Hombro con hombro.* Sefarad, Valladolid, 2009.

ROSNER, Brian S., MALONE, y BURKE, Trevor J. Eds., *Paul as Pastor.* Bloomsbury Pub., London, 2017.

SPURGEON, C.H., *El pastor. Su persona. Su mensaje,* 2 vols. Estandarte de la Verdad, Edimburgo 1975, 2ª ed.

_____, *El Tesoro de David.* CLIE, Viladecavalls, 2017.

WARREN, Rick, *The Purpose Driven Church.* Zondervan, Grand Rapids, 1995.

Printed in the USA
CPSIA information can be obtained
at www.ICGtesting.com
LVHW011544140724
785402LV00007B/19